insel taschenbuch 5005

Peter Bichsel

Die schöne Schwester Langeweile

Fast provozierend fragt Peter Bichsel einmal: »Darf ich mich langweilen – angesichts des Weltgeschehens?« Was der Autor in dieser neuen Auswahl kurzer Geschichten und Betrachtungen der Langeweile (in den verschiedensten Gestalten) abgewinnt, macht nachdenklich und ist alles andere als langweilig, vielmehr erstaunlich, auch amüsant und stets ermutigend. »Die etwas schwerfällige, aber wunderbare Langeweile hat eine lustige, schöne, aber böse Schwester«, schreibt er, »sie heißt Kurzweil. Sie versaut und verkürzt uns das Leben, denn jene leere Ecke in meinem Hirn, in der die Langeweile sich gemütlich breitmachen möchte ... immer wieder ist sie besetzt von der schönen, bösen Schwester Kurzweil.« Was Peter Bichsel uns dagegen zeigt: Die *eigentlich* schöne der beiden ist die Langeweile!

Peter Bichsel, geboren 1935 in Luzern, starb am 15. März 2025 in Solothurn. Zuletzt erschienen: *Das ist schnell gesagt*, herausgegeben von Beat Mazenauer und Severin Perrig, 2011 (suhrkamp taschenbuch 4294), *Über das Wetter reden. Kolumnen 2012-2015*, 2016 (st 4676), *Auch der Esel hat eine Seele. Frühe Texte und Kolumnen 1963-1971*, herausgegeben von Beat Mazenauer, 2020 (st 5004), *Im Winter muss mit Bananenbäumen etwas geschehen, Geschichten für die kalte Jahreszeit*, herausgegeben von Adrienne Schneider (insel taschenbuch 4878).

Die Herausgeberin Adrienne Schneider, geboren 1956, lebt in Frankfurt am Main.

Peter Bichsel

Die schöne Schwester Langeweile

Geschichten für jeden Tag

Herausgegeben von Adrienne Schneider

Insel Verlag

3. Auflage 2025

Erste Auflage 2023
insel taschenbuch 5005
Originalausgabe

Umschlaggestaltung: Designbüro Lübbeke, Naumann, Thoben, Köln
Umschlagabbildung: Orla/iStock by Getty Images, München
Satz: Satz-Offizin Hümmer GmbH, Waldbüttelbrunn
Druck: CPI books GmbH, Leck
Printed in Germany
ISBN 978-3-458-68305-6

Insel Verlag Anton Kippenberg GmbH & Co. KG
Torstraße 44, 10119 Berlin
info@insel-verlag.de
www.insel-verlag.de

Die schöne Schwester Langeweile

Die Kenner

Ich hätte keinen Vorschlag, sie zu verbessern, aber Flughäfen gehören zum Mißlungensten, was sich Menschen gebaut haben. Das liegt nicht an der Unfähigkeit der Menschen, sondern das liegt ganz einfach daran, daß wir mit dem Fliegen nicht fertig werden.
Ich habe nicht nur keinen Vorschlag zur Verbesserung, sondern ich habe nicht einmal eine Kritik an Flughäfen, es scheint so, daß sie funktionieren, und ich bin auch jedesmal weggekommen und auch wieder angekommen. Aber nirgends so wie in Flughäfen interessiert mich die Meinung späterer Archäologen so sehr. Ich möchte wissen, ob und weshalb sie staunen, wenn sie unsere Flughäfen in zwei- oder dreitausend Jahren ausgraben.
Es scheint so, daß das Fliegen den Hauch des Außergewöhnlichen behalten wird und nie so selbstverständlich werden wird wie die Eisenbahn oder das Auto.
Es müßte also so sein, daß wir uns nirgends so ungeschickt bewegen wie auf einem Flughafen, weil Flughäfen für uns außergewöhnlich sind.
Kürzlich habe ich im Flughafen zwei Ungeschickte

gesehen. Erst sie haben mich darauf aufmerksam gemacht, wie selten die Ungeschickten hier sind. Ein älteres Ehepaar – etwa so wie man sich Leute vom Land vorstellt –, ich glaube nicht, daß sie Angst hatten, Angst vor dem Fliegen mein ich, aber sie waren ängstlich.

Sie wußten ganz einfach zum voraus, daß sie hier alles falsch machen würden, und das taten sie auch. Sie kamen sich vor wie Eindringlinge in die Welt des Gunter Sachs, und entsprechend wurden sie von den vielen Gunters hier auch angeschaut.

Jedes Reisebüro, jeder Reiseleiter, bestimmt auch der Sohn, der ihnen die Flugkarte geschenkt hatte, jeder hätte ihnen mit Recht gesagt, daß Fliegen gewöhnlich ist und ein Flughafen eine Art Bahnhof und daß sehr viele und eigentlich fast alle Menschen fliegen. Das sagen auch die Fluggesellschaften, und sie bemühen sich auch ein wenig um Menschen, denen es ein bißchen schwerer fällt; aber letztlich ist ihr Geschäft halt dann doch der Duft der großen weiten Welt – und gerade der Geschäftsmann, der wöchentlich und täglich fliegt, möchte zuallerletzt darauf verzichten. Jedenfalls ist der Ausdruck Jet-Set eine präzise Erfindung, und eigentlich trifft sie den Jet noch genauer als das Set.

Die beiden Alten vermiesten selbst mir anfänglich mein Jet-Set-Gefühl, ich meine die kindische Whisky-und-Welt-Vorstellung, und ich solidarisierte mich mit ihnen erst, als mir auffiel, daß dieselben Blicke der Gunters auch mich trafen, daß ich also offensichtlich auch … Immerhin – und das ärgert mich nachträglich –, ich machte alles richtig: ich erhob mich erst beim zweiten Aufruf von meinem Sitz, ich ging langsam und gemessen, ich wußte, was mit meiner Bordkarte geschehen würde, und selbstverständlich kein Fensterplatz.

Die beiden Alten haben Flugzeug und Ziel genauso erreicht wie ich, insofern haben sie also offensichtlich alles richtig gemacht – was machten sie denn falsch? Ganz einfach, sie interessierten sich: sie fragten, fragten noch einmal, erkundigten sich, beachteten die Hinweistafeln, beachteten sie noch einmal, sie gaben ganz einfach zu, daß ihnen die Welt und nicht nur diese Welt – nicht selbstverständlich ist. Sie waren keine Kenner, keine Connaisseurs. Der Trick, die Welt als langweilig zu nehmen, ist ihnen unbekannt, sie haben ihr Verhalten nicht im Kino gelernt.

Das ist es wohl, was Flughäfen als so mißlungen erscheinen läßt. Weil es Orte sind für Menschen, die so tun, als wäre ihnen alles selbstverständlich, die einen Whisky bestellen, wie wenn sie keinen möchten, für die Abflug und Ankunft dasselbe ist, die jeden für einen hoffnungslosen Anfänger halten, der

beim Abflug zum Fenster hinausschaut, für Leute, die keine Fragen haben, Orte für Connaisseurs, Orte der blankgeputzten Langeweile.
Ich beneide sie, die beiden Alten. Ich möchte gerne so wie sie. Aber das ist nicht mehr rückgängig zu machen, daß ich Whiskymarken kenne und sogar weiß, daß Maltwhisky was ganz Besonderes ist und Bourbon was anderes, daß ich von chinesischer Küche zwar nichts verstehe und trotzdem nicht allzulang in der Karte rumlese und ja keine Fragen stelle. Ich verstehe etwas von Wein, Herkunft und Jahrgängen, und etwas von Tabakpfeifen und von Tabaken, und ich kenne nicht nur die Gerichte, die meine Mutter gekocht hat. Es erschüttert mich nicht, in der Eisenbahn Erste Klasse zu fahren – und ich habe das alles wirklich nicht gewollt, und es hat mich alles auch anfänglich sehr überrascht.
Dabei ist das alles noch gar nicht so lange her. Es ist mir erst seit kurzem selbstverständlich, der Whisky, die Erste Klasse, die Kenntnisse über Wein und Tabak. Ich war zweiunddreißig, als ich zum ersten Mal dabei war, als ein teurer alter Wein »Zapfen« hatte. Ich hatte zwar vorher schon gehört, daß es das gibt, aber nie geglaubt, daß jemand den Mut hätte – oder die Selbstverständlichkeit –, es festzustellen.
Inzwischen gelingt mir das auch, und ich möchte gern darauf verzichten. Ich würde es vorziehen, wenn

man roten Wein Rotwein nennen würde und den weißen Weißwein, sich freuen würde, wenn er gut wäre, und wäre er schlecht, würde man sich nicht an bessern erinnern.

Als ich irgendwo in Amerika mal fragte, wie denn diese großen schwarzen Vögel hießen, da bekam ich zur Antwort: »Es gibt viele davon.« Ich sagte, ja das wisse ich, aber ich möchte wissen, wie sie heißen: »Wir nennen sie ›black birds‹.« So ist das dort, die schwarzen Vögel heißen eben Schwarze Vögel, und alle Pilze heißen Pilze (Mushrooms), und als ich mich mal nach dem Namen einer Nuß erkundigte, die ich bei uns noch nie gesehen hatte, wurden mir Geschichten über diese Nüsse erzählt, aber wie sie heißt, wußten sie nicht, halt eben Nuß.

Ich hielt es für Gelangweiltheit. Nun, hinterher, bin ich nicht mehr so sicher, ob es nicht Absicht ist, die Dinge nicht zu benennen.

Ich möchte zwar gerne wissen, wie die Berge und die Bäume und die Blumen heißen. Aber dann möchte ich auch wissen, wie der Wein heißt, den ich trinke, und woher er kommt. Und dann möchte ich ihn unterscheiden können. Und dann möchte ich wissen, wie das ist auf einem Flughafen, und das ist so einfach, daß man es gleich schafft, weil man es eigentlich schon kennt, und ohne zu wollen, wirst du zum Kenner und erwachst als Connaisseur

und bist eingestiegen in die internationale Langeweile.
Wie gesagt, ich habe keine Vorschläge für Flughäfen. Vielleicht werden sie den kommenden Archäologen ein richtiges Bild von unserem Leben vermitteln, leider.
Vielleicht hat das auch Methode, und irgendwer will, daß wir zu gelangweilten Kennern werden, die sich nichts anmerken lassen.
Übrigens, wenn es nur das wäre, ich fahre stets Zweite Klasse, aber ich kenne die Erste, das ärgert mich, und übrigens, es gibt noch ein paar Dinge, die ich noch nie gegessen habe, es gibt eine große Stadt in der Nähe, die ich noch nie gesehen habe – alle wollen, daß ich mal hingehe, und drängen mich; ich wußte bis jetzt nicht, weshalb ich mich grundlos weigerte. Ich möchte eigentlich gern etwas verpaßt haben.

Entfremdete Freizeit

Als der Riesenslalom übertragen wurde, war ich weg – irgendeine Sitzung –, und jeden, der neu dazukam, hat man gefragt, wer denn gewonnen habe. Endlich kam einer, der es zufällig gehört hatte und der sagte, er glaube, es sei ein Norweger gewesen; »ein Schwede wohl«, korrigierte man, und er sagte: »Ja, vielleicht ein Schwede!« – »Stenmark?« – »Weiß ich nicht!«

Ich habe mich erst geärgert, weil er's nicht wußte. Weil man so etwas einfach weiß und weil es immerhin eine Information ist, und weil es immerhin so lange wichtig ist, bis man es weiß.

Ich jedenfalls weiß sehr viel über ihn, er ist still, zurückhaltend, bescheiden, intelligent, angenehm – und vielleicht ist er das. Er ist fair, anständig, unheimlich talentiert, seriös, sauber – warum soll er das nicht sein? Eine Ausnahmeerscheinung, ein Phänomen, und er trägt schwer an seiner Favoritenrolle.

Also.

Dann hat man aber auch davon gesprochen, daß Skirennen eigentlich langweilig seien, daß man eigentlich genug davon habe, daß man eigentlich froh sei, daß es jetzt dann wieder vorbei sei, und sehr telegen seien sie eigentlich nicht, und man verpasse nicht viel, wenn man sie verpasse. Jedenfalls, wenn man sie verpaßt, verpaßt man sie endgültig. Die Spannung ist kurz, und sie wirkt nur live.

Angenommen, nur angenommen, das Publikum würde wirklich nach und nach aussteigen, sich nach und nach wirklich nicht mehr für Skirennen interessieren – einfach so, sich für irgendeinen anderen Sport interessieren –, nur angenommen, würden sie dann wohl verschwinden, unbedeutend werden und im Fernsehen nicht übertragen werden?

Kaum – denn interessiert dafür, wirklich interessiert, habe ich mich eigentlich nie. Sie sind mir aufgedrängt worden. Eine Information, die man eben konsumiert, niemand kommt darum herum, die Namen Russi und Morerod und Hemmi und Zurbriggen und Nadig zu kennen – und die neuen werden wir alle bald lernen. Und den Reporter finden wir schlecht, weil er so wenig versteht davon – viel weniger als wir –, und was wir verstehen davon, haben wir von ihm gelernt.

Nicht umgestiegen, auf dem falschen Ski stehengeblieben, in Rücklage geraten, Schwung verloren, zu tief gekommen, Ideallinie verpaßt – ich sehe das oft schneller als der Reporter, dieser Langweiler, und ich verstehe nichts davon, und ich möchte gar nicht, daß es mich interessiert. Ich bin sogar ein Fachmann geworden, ein nichtskifahrender Pseudofachmann. Die Propaganda einer Industrie, die mir ihre Produkte nicht verkaufen kann, hat mich voll und ganz erreicht, und ich weiß sogar, wann das nächste Skirennen sein wird.

Ich mache niemandem einen Vorwurf, weder den Fahrern noch dem Fernsehen, noch dem ganzen Zirkus. Ich weiß, daß ich keine Chance habe mit einer Klage wegen Belästigung. Ich bin, so wird man mir sagen, absolut frei in meinem Entscheid, mich zu interessieren oder mich nicht zu interessieren – aber bin ich das wirklich?

Habe ich die Freiheit wirklich, Informationen frei zu wählen? Habe ich die Freiheit, zu entscheiden, was mich wirklich interessiert und was nicht?

Vielleicht wäre ich ein Mensch, der sich gerne langweilen würde, aber gerade dort, wo meine Fähigkeit zur Langeweile liegt, sind sie eingestiegen, die unerwünschten Informationen.

Ich plädiere nicht für die heroische Tapferkeit, keinen Fernseher zu besitzen. Ich meine nicht das stille Leuchten auf dem Gesicht eines Sekundarlehrerehepaars, das erklärt: »Wir haben keinen!«

Ich meine auch nicht jenen, der nicht einmal weiß, daß der Stenmark heißt und Schwede ist. Ich glaube sogar, daß man das wissen sollte, und ein regelmäßiger Zeitungsleser kommt ohnehin nicht darum herum.

Ich habe überhaupt keinen Vorschlag zur Verbesserung. Ich finde es nur sehr traurig.

Ich komme mir betrogen vor – weil das, was ich mein Interesse nenne, offensichtlich nicht mir gehört.

Ich interessiere mich nicht – ich werde interessiert.

Ob auch da böse Mächte mit im Spiel sind? Kaum oder sicher – es kommt auf dasselbe heraus.

Ich stelle nur fest, daß mich nach und nach auch meine Interessen langweilen, sie sind zu strapaziert.

Und daß ich nach und nach Mühe habe, mich wirklich zu interessieren.

Es gibt in der Arbeitswelt den Begriff der entfremdeten Arbeit, man spricht davon, wenn ein Arbeiter die Zusammenhänge, in denen seine Arbeit steht, nicht mehr erkennen kann.

Gibt es nicht mehr und mehr auch so etwas wie eine entfremdete Freizeit?

Gibt es vielleicht auch Skifahrer – ich meine jetzt Hobbyskifahrer –, die gar nicht Ski fahren möchten? Vielleicht, ich weiß es nicht.

Eines scheint mir sicher, Reklame und Propaganda erreichen mich auch in meinem Privatesten, auch dort, wo sie mich vorerst kein Geld kosten – und genau dort sind sie am schwersten zu erkennen.

Ich habe jedenfalls keine Ahnung, ob ich mich für Skirennen interessiere. Ich weiß nur, daß ich mittags nach Hause gehe und das Rennen anschaue. Eines jedenfalls ist sicher, ob uns das interessiert oder nicht, wir haben mit Skirennen zu leben. Brot und Spiele? Den Römern hat man eine Absicht unterschoben. Wir aber sind sicher, daß es nur Zufall ist. Man hat uns beigebracht, wie frei wir sind, und wir glauben es – entfremdete Arbeit, entfremdete Freizeit, entfremdete Freiheit.

Nostradamus

In der Buchhandlung steht ein etwa zwölfjähriger Junge und erkundigt sich nach den Werken von Nostradamus. Die Buchhändlerin weiß, wo sie stehen, er ist offensichtlich nicht der erste, der danach fragt.
Eine erschreckende Szene: ein Zwölfjähriger erkundigt sich nach der von der Bild-Zeitung genüßlerisch angepriesenen Katastrophe, erkundigt sich nach dem dritten Weltkrieg und dem Weltuntergang.
Der 15. März 1982 wird da und dort genannt, es ist nicht das erste Weltuntergangsdatum. Schon der Apostel Paulus soll überzeugt gewesen sein, daß er ihn erleben werde, Luther soll sich damit beschäftigt haben. Was wohl neu ist, ist, daß wir inzwischen wissen, wie er stattfinden würde. Nicht die Sonne würde erkalten, nicht der Mond auf die Erde abstürzen, nicht das Innere der Erde explodieren, nicht ein Gott würde sie zerstören, sondern ein Mensch. Wir kennen die entsprechende Technik, zum mindesten ihren Namen und ihre Wirkung. Wir kennen die Bösen, und wir kennen die Guten. Und wir hoffen, daß sich die Bösen vor den Guten fürchten werden und daß die Guten noch schrecklichere Waffen

entwickeln, damit sich die Bösen noch mehr fürchten müssen.
Inzwischen können wir uns unterhalten über Sinn und Unsinn der Astrologie, über Killerkonstellationen und eben über diesen Nostradamus, der schon immer recht gehabt haben soll, wie man hinterher rekonstruieren konnte. Immerhin stammen seine Prophezeiungen aus dem 16. Jahrhundert, und nachdem wir für das Glätteisen der Großmutter schon Unsummen auf den Tisch des Antiquars blättern, muß doch 16. Jahrhundert noch teurer und entsprechend wertvoller und wahrer sein. Ein Schreiber aus dem 16. Jahrhundert kann schließlich nicht irren, so viel Ehrfurcht vor Geschichte und Antiquitäten haben wir doch alle.
Ich weiß, daß ich mit diesen Zeilen ein paar Leute ärgern werde, aber ich tu das gern, sie ärgern mich auch. Ich nehme an, daß das, was ich hier tu, für sie ein Sakrileg, eine Gotteslästerung ist. Aber ich finde diese Partygespräche über Nostradamus zum Kotzen. Ich finde jene, die da rumgehen und nachweisen, daß jener Nostradamus immer recht hatte, grauenhafte Blödiane.
Warum freuen sie sich eigentlich so darüber, daß er recht hatte? Warum freuen sie sich so darauf, daß er wieder recht haben wird?
Wir könnten doch einfach zusammensitzen und, in

einem sozusagen letzten demokratischen Akt, darüber entscheiden, ob er recht bekommen soll, und wenn wir dafür eine Mehrheit finden, dann wird alles Weitere ein leichtes sein. Denn die Chance, daß er in nächster Zeit recht bekommt, ist groß. Seine Anhänger können sich freuen. Sie werden wohl auch befriedigter sterben als wir anderen, die nicht an ihn glauben.
Es wird auch darüber philosophiert, warum wir ausgerechnet jetzt wieder auf Nostradamus kommen: unsere Ohnmacht gegenüber dem Schicksal der Welt? Die Unsicherheit der Zeit? Die kommende Jahrhundertwende?
Was mich allerdings viel mehr erschreckt, ist die Beobachtung, daß das Thema Redaktoren von Zeitungen verschiedenster Qualität und Schattierungen offensichtlich gelegen kommt: als Füller zum Beispiel, wenn man sonst nichts Sensationelles oder Unterhaltendes findet.
Leben wir denn in einer so zufriedenen Zeit, daß wir die Sensations- und Horrormeldungen zusammenkratzen müssen? Wohl kaum – aber wir langweilen uns sehr schnell, die Schreckensmeldungen haben einen kurzen Reizwert. Wenn ein erschreckendes Ereignis nicht Tag für Tag eskaliert, dann langweilt es uns. Der Vater ruft schon längst nicht mehr »Ruhe!«, wenn das Wort Polen am Radio fällt. Der

Vater sucht das südamerikanische Land auf dem Globus nicht mehr; daß die Zahl der Gefangenen stabil bleibt, das läßt die Gefangenen vergessen. Wir langweilen uns und werfen der Tagesschau vor, daß sie langweilig sei. Wir sind am Fernsehen anwesend bei den Rekorden dieser Welt, und wir wundern uns nicht mehr.
Ich kenne die Prophezeiungen des Nostradamus nicht, sie interessieren mich nicht. Ich möchte nur wissen, ob er vorausgesagt hat, daß wir uns alle bitter langweilen werden in den achtziger Jahren und angeödet den Ablauf unserer Geschichte anschauen werden. Aber wenn sie schon langweilig ist, diese Geschichte, dann soll sie doch wenigstens sinnvoll sein, und sinnvoll wäre sie wohl dann, wenn einer mit seinen Voraussagen recht hätte.
Ich bin jedenfalls überzeugt, daß breitgetretene Langeweile und Angeödetheit zu einem Kriegsgrund werden könnten.
Ich erinnere mich, wie ich als kleiner Bub mit der Großmutter am Radio saß und Kriegsnachrichten hörte und wie meine Großmutter sagte: »Ich weiß gar nicht mehr, was vor dem Krieg in den Nachrichten kam – was werden die wohl nach dem Krieg erzählen?«
Sie hat damit nicht gemeint, daß sich die Leute nach dem Krieg langweilen werden. Aber man könnte ja

ihren Ausspruch nachträglich so interpretieren, und dann wäre meine Großmutter auch eine Prophetin wie Nostradamus, der sicher recht bekommt, wenn uns nichts anderes mehr als Nostradamus einfällt.

Der Sinn für Interesse

Ich bin immer wieder überrascht, mit was für einer Sicherheit die Leute von sich behaupten, sie seien von Werbung nicht abhängig. Es sind eigenartigerweise dieselben, die sagen, sie fühlten sich von der Werbung belästigt. Sie machen ihrer Zeitung den Vorwurf, sie bestehe fast nur noch aus Reklame – ich bin aber sicher, ohne Inserate wäre ihnen die Zeitung bald verleidet.

Ich weiß nicht, vielleicht bin ich ein ausgesprochen schwacher Mensch. Ich bin abhängig von Werbung. Ich mag die Prospekte in meinem Briefkasten. Nur aus der Werbung kenne ich die Namen von Whiskys, die ich nicht trinke, und von Zigarren, die ich nicht rauche. Ich fotografiere nicht, und es reizt mich eigentlich nicht, zu fotografieren, aber ich kenne die Namen von Kameras, weiß, welches die teuren und besonders guten sind. Ich verstehe nichts davon, trotzdem bewundere ich die Kameras im Schaufenster des Händlers, und es könnte mir eines Tages passieren, daß ich mir doch eine solche Kamera, die ich nicht brauchen will, kaufe. Ich werde mich dann wohl einigermaßen fachmännisch geben, und dieses Fach-

wissen werde ich aus der Werbung bezogen haben.
Werbung kann bei mir das dringende Bedürfnis auslösen, zu kaufen. Und die Abwesenheit von Werbung – in einer DDR-Zeitung zum Beispiel – nimmt mir ein Stück von meinem Orientierungssinn. Ich erschrecke in Amerika über die Unterbrechung der Filme mit Werbung, gewöhne mich sehr schnell daran und vermisse nach meiner Rückkehr in den ersten Tagen die Unterbrechungen.
Nein, ich bin keineswegs stolz darauf, daß ich von Werbung abhängig bin. Es ist einfach so, und ich kann es nicht ändern – eine Gewohnheit, und eben auch schlechte Gewohnheiten vermißt man, wenn man sie verliert.
Aber darum geht es mir gar nicht. Ich frage mich nur, ob ich denn der einzige sei, der so reagiert. Ich kann mir nicht vorstellen, daß es Werbung gäbe, wenn ich der einzige wäre. Nur, wenn man die anderen fragt, dann erklären sie alle, sie seien immun gegen Werbung. Sie würden ein Waschmittel nach eigenem Geschmack und Qualitätsurteil kaufen und Zigarren nach persönlichem Gutdünken.
Kürzlich habe ich am Radio gehört, wie neunjährige Kinder über ihr Verhalten gegenüber der Werbung befragt wurden. Diese Kinder hatten offensichtlich bereits gelernt, daß man von sich zu behaupten ha-

be, man sei frei davon. Sie wußten, was man von ihnen wissen wollte.
In derselben Sendung wurde behauptet, es sei der Werbung unmöglich, neue Bedürfnisse zu schaffen, man könne nur bereits vorhandene wecken. (Ich habe dann also doch ein unterbewußtes Bedürfnis nach einer Kamera – sie wird mir also, verdammt, nicht erspart bleiben.)
Ich interessiere mich zum Beispiel nicht für Skifahren, überhaupt nicht. Ich habe das mal getan – schlecht und recht –, aber ich habe dann festgestellt, daß es mir nicht gefällt. Ich fahre nicht mehr. Immerhin habe ich Verständnis für die, die es mit Spaß tun, und für jene, die mit Begeisterung die Übertragungen von Skirennen im Fernsehen verfolgen. Aber mich langweilen sie. Ich finde sie sehr langweilig, trotzdem schaue ich sie mir bei jeder Gelegenheit an. Ich bin orientiert über den Stand des Weltcups, über Talski, Bergski, Umsteigen, Rücklage, Ideallinie. Ich weiß, daß Müller aus Adliswil kommt, und die Gebrüder Mahre (Phil und Steve – frei aus dem Gedächtnis zitiert) kommen aus den USA. Ich weiß fast annähernd alles. Aber es interessiert mich nicht, es interessiert mich wirklich nicht.
Ich interessiere mich also für etwas, das mich nicht interessiert. Ich halte das für fast erschreckend und

für eine gefährliche Belästigung meiner wirklichen Interessen. Es würde mich nicht überraschen, wenn ich mich im Skirennsport besser auskennen würde als in der deutschen Literatur, besser auskennen würde als in der Schweizer Politik.

Bin ich denn der einzige, der sich dauernd für Dinge interessieren muß, die ihn nicht interessieren?

Meine Mutter zum Beispiel hat sich am Fernsehen Boxkämpfe angeschaut. Ich traute meinen Augen nicht und sie wohl ihren auch nicht. Sie hätte das in Wirklichkeit nie getan, aber sie hat nicht Boxkämpfe angeschaut, sondern eben Fernsehen.

Ich weiß für mich selbst nicht, ob ich mich ohne Fernsehen für Fußball interessieren würde. Ich interessiere mich dafür, und er gefällt mir. Aber bin ich das ganz allein? Habe ich mich ganz frei dafür entschieden?

Es gibt den schönen Nonsens-Satz von Jürgen von Manger: »Sie, Sie haben überhaupt keinen Sinn für Interesse.«

Hie und da stört mich mein Sinn für Interesse. Ich möchte wirklich keine Kamera. Eigentlich möchte ich keine Skirennen anschauen. (Der Ausfall der Lauberhorn-Abfahrt am vergangenen Sonntag war trotzdem ärgerlich.) Eigentlich möchte ich mich für Dinge interessieren, die mich interessieren. Aber mein verdammter Sinn für Interesse macht es der Welt

leicht, mich von meinen eigenen Interessen abzulenken.
Mich überrascht nur, daß alle anderen davon überzeugt sind, ihnen passiere das nie.

Beim Gießen meiner Palme

Ich erinnere mich an einen Satz meiner Mutter, er fällt mir immer wieder ein. 1944, während des Kriegs, wir saßen beim Mittagessen und hörten die Radionachrichten, sagte meine Mutter: »Was werden die dann eigentlich erzählen in den Nachrichten, wenn kein Krieg mehr ist, wenn Frieden ist? Im Frieden gibt es dann wohl gar keine Nachrichten mehr.«
Entweder hat sie sich den Frieden falsch vorgestellt, oder wir leben gar nicht im Frieden, oder vielleicht ist sogar beides richtig.
Ich erinnere mich noch an die sehr langen Radionachrichten während des Kriegs, nicht eigentlich an ihren Inhalt, aber daran, daß die Kinder still sein mußten und die Eltern besorgt zuhörten. Ein bißchen habe ich schon verstanden davon, und es wurde mir auch erklärt. Und der Satz meiner Mutter löste bei mir die Vorstellung aus, daß eines Tages der Nachrichtensprecher am Radio sagen wird: »Heute ist auf der ganzen Welt nichts Besonderes geschehen« – und vor diesem Satz der Wetterbericht und hinter diesem Satz der Wetterbericht. Ich habe mir auch vorgestellt, daß nach dem Krieg in den Zeitungen anstelle der Kriegsberichte weiße Flecken sein

werden oder ein großer Balken quer über die weiße Seite mit den Buchstaben »Nichts passiert«.
Vorgestern und gestern habe ich mich sehr gelangweilt. Ich habe die Zeit totgeschlagen und den Abend und die Nacht herbeigewünscht. Es war sehr langweilig, und ich habe wieder einmal die Kleinstadt verwünscht und daß hier nichts los sei.
Hie und da gefällt mir zwar die Langeweile, und ich kann sie genießen, aber gestern war sie schrecklich.
Darf ich das? Darf ich mich langweilen? Ist es nicht unmoralisch, wenn ich mich hier langweile, während in der Welt Menschen gefoltert, Städte bombardiert, Jumbos abgeschossen werden, während in der Welt gehungert wird, während Tausende flüchten und Millionen arbeitslos sind? Und ich sitze da und leide unter Langeweile und beklage mich, oder ich strecke mich aus und genieße meine Langeweile.
Ich habe kürzlich günstig eine Palme gekauft. Nun steht sie in meinem Büro, und ich habe sehr viel mit ihr zu tun. Ich darf sie nur alle drei Wochen gießen. Das braucht sehr viel Beherrschung. Ich muß mich drei Wochen lang beherrschen, mit ihr sprechen, ihr zuschauen, wie sie wächst – und sie wächst fast nicht. Und dann mess' ich mit dem Doppelmeter nach, ob sie nicht vielleicht doch ein bißchen ge-

wachsen ist. Ich denke an meine Palme, und ich verschwende viel Zeit für sie. Ich habe eigentlich noch gar nie erfahren, daß Pflanzen leben und so etwas wie Kreaturen sind. Ich habe mir jetzt noch andere Pflanzen gekauft und lebe nach und nach in einem kleinen Wald und zähle wirklich die Blätter.

Ich mußte diese Zeilen zehn Tage zum voraus schreiben, weil ich für einige Tage verreise. Würde in der Zeit bis zu ihrem Erscheinen etwas wirklich Schreckliches geschehen, etwas, das uns alle wirklich tief erschüttert – mein Geschreibe über meine Palme würde dann aussehen wie Zynismus, und die Erwähnung meiner persönlichen Langeweile würde zum Sarkasmus. Ich meine, wenn etwas geschehen würde, das uns wirklich trifft und betrifft. Denn eines ist leider zum voraus sicher: es wird in dieser Zeit irgendwo und überall Schreckliches geschehen, und meine Frage, ob meine persönliche Langeweile unter diesen Bedingungen unmoralisch sei, ist jederzeit berechtigt. Ist es unmoralisch, daß ich Zeit darauf verschwende, die Blätter meiner Palme zu zählen?

Erzähl mir doch was

Wir sind so stolz auf unsere sogenannte Kommunikationstechnik. Ich bestaune sie auch und genieße sie mitunter. Da wird aus aller Welt live über Satellit übertragen, und wenn ich jetzt im Augenblick mein Radio einstelle und es wird mir keine Sensation mitgeteilt, dann kann ich sicher sein, daß in der letzten halben Stunde keine Sensation geschah, keine mitteilenswerte zum mindesten, zum mindesten keine, die man mir – dem Kommunikationstechnikkonsumenten – als solche verkaufen könnte.

Ich stelle mir vor, wie die Leute in unserer Gegend von der Französischen Revolution erfahren haben oder wie sie später von den amerikanischen Befreiungskriegen und von George Washington oder wie sie noch später – und dies schon zur Zeit einer relativ schnellen Presse – vom Untergang der Titanic erfahren haben. Wie auch immer: sie haben etwas später davon erfahren, und wer noch mehr wissen wollte, der hatte sich um Informationen zu kümmern.

Wer später informiert wird und nicht gleich im Augenblick, der wird erzählend informiert. Die Leute kriegten wohl die Französische Revolution, die

Gründung der amerikanischen Demokratie erzählt – vielleicht von einem, der dabei war, oder von einem, der davon gehört hatte und es nun weitererzählte. Die Lust auf Sensationen wird nicht viel anders gewesen sein als heute, aber die Technik der Kommunikation war eine andere. Das Erdbeben von San Francisco und der Untergang der Titanic und Caruso und Anastasia, die Zarentochter, und Mittelholzer und Lindbergh wurden zu Legenden, nämlich zum Inhalt von Erzählungen.

Meine Mutter und mein Vater erzählten mir von ihnen, als hätten sie sie gekannt, und ich übernahm diese Ereignisse und Personen, als hätten sie etwas mit mir zu tun. Kein ähnliches Katastrophenereignis wird je diese Nähe erlangen, wie sie der Untergang der Titanic (1912) für uns immer noch hat, und kein Tenor wird je so sehr Tenor sein, wie es Caruso war. Unsere Zeit ist unfähig zu Legendenbildungen, weil uns durch die Informationstechnik das Erzählen abhanden gekommen ist. Der kurze Fakt, der kurze Eintrag im Guinnessbook haben das Erzählen verdrängt.

Nicht etwa die Technik ist daran schuld, nur unser Gebrauch von der Technik. Am Radio wurde noch erzählt bis vor kurzem, und als das Fernsehen noch nicht perfekt – also menschlich – war, da wußte es noch mit der Langeweile umzugehen. Inzwischen erleben wir eine Welt voller Ereignisse, die alle letztlich nicht erzählenswert sind. Wir haben uns von dieser Welt nichts mehr zu erzählen – so erscheint sie uns dann beängstigend apokalyptisch und langweilend belanglos zugleich. Denn was keine Geschichten hergibt, das interessiert auch nicht mehr.

Ich halte das keineswegs für eine Entwicklung, die nicht rückgängig zu machen wäre. Ich könnte mir vorstellen, daß das Erzählen seinen Platz wieder einnimmt, wenn wir mit der Technik genug gespielt haben. Ich könnte mir auch vorstellen, daß unsere Informationen für spätere Generationen völlig unverständlich sind, weil sie nicht erzählt sind. Die Nachfahren werden uns – wenn es die Welt dann noch gibt – belächeln, denn Leben ohne Erzählen, so fürchte ich, wird sinnlos und geht unter.

Hätte es damals ein Waldsterben gegeben, die Großväter und die Mütter hätten davon erzählt, immer wieder und lange. Inzwischen ist auch es nur eine Sensation: geschehen, beschrieben und vorbei – schon bald vergessen. Den nächsten Weltrekord bitte!

Der Untergang der Titanic liegt uns immer noch näher, wohl nur deshalb, weil er erzählt wurde.

Furcht vor den eigenen Geschichten

Der Wunsch nach guten Nachrichten ist ein alter Wunsch, und der Vorwurf an Radio und Fernsehen, daß sie immer nur das Negative melden, ist nicht nur alt, sondern auch unrichtig. Nur, die gute Nachricht ist in der Regel ebenso »ungut« wie die schlechte. Es gibt ja auch Zeitschriften, die das versuchen, das Positive, allerdings geht es dann in der Regel nicht über die Fürstenhochzeit hinaus.

Der Wunsch nach der guten Nachricht gleicht dem Wunsch nach der schlechten zu sehr, es ist der Wunsch nach Ausgefallenem, und die Erfüllung wird so oder so plötzlich schal und öd. Die Sensationen, die wir hören, auf die wir süchtig sind, haben mit Leben wenig oder nichts zu tun. Sportereignisse sind hergestellte Ereignisse, also eigentlich gar keine oder eben künstliche Ereignisse. Sie ergeben weder gute noch schlechte Nachrichten, sondern nur Ersatznachrichten. Wir organisieren im Sport so etwas wie Scheinleben, als hätten wir sonst nicht Leben genug. Immerhin, ich habe auch fast nichts dagegen, liefern Sportereignisse wenigstens Gesprächsstoff für jene in der Beiz, die sonst sprachlos wären, und Sprechen ist vielleicht besser als Schweigen.

Unser Mangel an Geschichten fördert das Herstellen von künstlichen Ereignissen. Die Massenmedien zum Beispiel sind ein geschichtenhungriger Moloch; nach und nach hat er die ganze Welt ausgelaugt. Es gibt keine Geschichten mehr, es sind alle erzählt, also erfindet man Geschichten, die man gar nicht mehr erzählen muß, die immer dieselben sind, mit immer derselben Pointe: Skirennen zum Beispiel.

Dabei bleiben dann die Geschichten, die dem Leben gleichen könnten, auf der Strecke. Was man nicht erzählen kann, das ist langweilig, wird als langweilig empfunden – halt ebenso langweilig wie unser Leben. Wir können – so scheint mir – mehr und mehr das eigene Leben nicht mehr erzählen, und kaum mehr einer erzählt deshalb von sich. Wer es trotzdem tut, der ist ein Schwätzer: man meidet seinen Tisch, man mag nicht dauernd hören, was er vor einer Stunde, vor zwei Stunden oder gestern an Alltäglichkeiten erlebt hat. Wer nicht vom Skirennen, vom Flugzeugabsturz, von der Fürstenhochzeit redet, sondern von sich selbst, der ist dann ein Langweiler.

Wir können nicht mehr erzählen, weil unser Leben nicht mehr erzählenswert ist, wir erleben unser Leben nicht mehr als Ereignis. Und gleichzeitig erleben wir Ereignisse, die überhaupt keine sind, und es wird viele Menschen geben, die das Leben eines Skirennfahrers als lebenswerter empfinden als ihr eigenes, nämlich als erzählenswerter.

Wenn der Skirennfahrer nach dem Rennen »erzählt«, dann erzählt er eigentlich fast nichts. Sein Sieg oder seine Niederlage: das ist die ganze Geschichte. Sie hat einen Inhalt, der fast keiner ist, und eine Pointe, die fast keine ist. Letztlich ist nur noch seine Prominenz – daß man ihn kennt oder daß er viel verdient – so etwas Ähnliches wie eine Geschichte.

Um mich nicht auszunehmen: ich höre mir die Interviews der Skirennfahrer auch an. Ich schaue mir die Rennen gelegentlich auch an, ich lese die Resultate in der Zeitung. Das heißt dann wohl, daß ich mich auch langweile und daß auch mir die Geschichten abhanden gekommen sind.

Es muß seine Gründe haben, daß wir für Ersatzgeschichten Millionen ausgeben und mitunter auch richtige Bettelaktionen dafür veranstalten, als handle es sich um Wohltätigkeit. Oder ist es vielleicht nur so, daß wir uns fürchten vor unseren eigenen Geschichten?

Aktualität und Langeweile

Heute, an einem 30. Januar, wissen wir noch nicht, was wir in einem Jahr nicht mehr wissen werden. Aber wir werden viel wissen in einem Monat, und einige von uns oder gar manche zittern schon heute und möchten wissen, was sie in einem Monat wissen werden. Einige glauben es bereits zu wissen und schließen Wetten ab. Ob uns das interessiert oder nicht, wir werden nicht darum herumkommen.

Ja, ich spreche von den Olympischen Winterspielen, aber ich meine für einmal nicht die Fraglichkeit oder Wünschbarkeit des Sports. Ich meine nicht jene, die sich dafür interessieren, und auch nicht jene, die sich dafür nicht interessieren.

Von mir selbst weiß ich gar nicht, ob es mich interessiert oder nicht. Ich werde auch nie herausfinden können, ob es mich interessiert. Ich habe nicht die geringste Möglichkeit, das zu testen. Aber ich weiß, daß ich am Fernsehen einige Rennen sehen werde und später wohl auch einige Siegesfahrten ein Dutzend Mal. Ich kann das nicht verhindern, abstinentes Verhalten liegt mir leider nicht. Sosehr ich auch ganz tief in mir den Eindruck habe, daß mich das alles nichts angeht und daß ich nicht den ge-

ringsten Spaß daran habe: ich werde auch dabeisein.
Warum eigentlich? Warum kümmere ich mich um Dinge, die mich nicht kümmern? Warum bringe ich es sogar soweit, mit »meinen Schweizern« zu zittern?
Die Antwort heißt Aktualität. Ich kann mich persönlich verhalten, wie ich will, die Olympischen Spiele werden aktuell sein, und niemand kann sich der Aktualität entziehen. Ich werde in einem Monat etwas wissen, das mir nicht wichtig ist – ich werde wissen, wie die Sieger heißen.
Aktualität ist kein demokratischer Entscheid. Weder ich noch Tausende von anderen haben jemals darüber entschieden, ob ihnen Skirennen wichtig sind. Sie sind es einfach geworden – ohne unser Zutun –, nun sind sie es.
Ich habe gar nichts dagegen, und es stört mich nicht, aber es überrascht mich, daß ich der Aktualität verfalle ohne meinen eigenen Willen. Mir fällt dabei die Geschichte mit Eddy Merkx ein (ich weiß nicht einmal mehr, ob ich den Namen richtig schreibe, und bitte den Setzer, ihn nicht zu korrigieren. Das gehört dazu, daß ich das nicht mehr weiß. Ich schwöre, ich wußte es einmal und besaß sogar einen Halbrenner, auf dem dieser Name stand). Vor Jahren traf ich eine junge Frau, die wußte nicht, wer Eddy

Merckx ist. Da verstieg ich mich zu Beschimpfungen: jemand, der das nicht wisse, sei ein Ignorant, denn wer sich orientiere und die Zeitung lese, der komme an diesem Namen nicht vorbei. Die junge Frau rächte sich. Sie ging nach Hause, lernte die halbe Biographie von Merkx auswendig und schrie sie jedesmal durchs ganze Lokal, wenn ich hereinkam. Ich bin überzeugt, sie wüßte – im Unterschied zu mir – heute noch, wie man den Namen schreibt. Aber ich interessierte mich damals für Radrennfahren, sie ganz und gar nicht. Wer von uns beiden ist jetzt blöd?

Aktualität hat jedenfalls wenig mit der Wichtigkeit eines Ereignisses zu tun. Und viele Aktualitäten sind zum vornherein abzusehen, sind geplant auf Jahre hinaus: die Tour de France zum Beispiel bis ins nächste Jahrtausend. Aktuell heißt wörtlich »wirklich«, »gegenwärtig« – aber oft ist sie vorbereitete Gegenwart. Wir wissen zum voraus, daß die Olympischen Winterspiele eine Aktualität sein werden, eine Aktualität also ohne jede Überraschung.

Wer macht sie, diese Aktualitäten? Etwa die Presse, die Medien? Ist es einfach so, daß die Chefredaktoren Aktualität erfinden?

Das wird zum Beispiel, wenn die Presse einen Störfall erwähnt, eine echte Aktualität, von der Atomlobby behauptet, daß die Presse den Fall nur hoch-

gespielt habe – als hätte er ohne Presse nicht stattgefunden.
Also, wer erfindet die gemachten Aktualitäten? Niemand – sie entstehen einfach. Und alle haben zu reagieren, der Chefredaktor, der Sportler, die Wirtschaft und ich. Und ich staune darüber, daß man mit mir etwas machen, daß man mir also nicht nur Zahnpasta und Zigaretten, Radios und Taschenrechner aufschwatzen kann, sondern auch Aktualität. Das muß an mir und an uns liegen. Unsere Gelangweiltheit ist der Ort, wo all diese Scheinaktualitäten ihren Platz finden.
Aktuell ist das, was unsere dauernde Langeweile unterbricht. Oder anders: seit wir uns nicht mehr gemütlich langweilen können, sind wir empfänglich geworden für Scheinaktualitäten.
Die Frage ist nur, ob die wirkliche Aktualität – ein bißchen Tschernobyl zum Beispiel – unsere Langeweile noch zu unterbrechen vermag.

Das ganze Leben

»Mir geht es gut, ich bin zufrieden, ich bin glücklich« – das ist nun wirklich keine Antwort auf die Frage: »Wie geht es dir?« Die Frage ist der Versuch, ein Gespräch zu beginnen, und die positive Antwort bricht das Gespräch augenblicklich ab. Mit einem Glücklichen kann man nicht sprechen, ein Glücklicher ist ein Asozialer, einer, der nicht mehr dazugehört zu der Gesellschaft der Unglücklichen.
Ob wir das nur geworden sind, eine Gesellschaft von Unglücklichen, oder ob Unglück ein ewiges menschliches Schicksal ist, ich weiß es nicht. Aber sicher ist Unglücklichsein in der Gesellschaft der Wohlhabenden zu einem Muß geworden. Wer es nicht ist, der ist nicht salonfähig, mit dem kann man über nichts reden. Glück hat in unserer Gesellschaft immer den Hauch von Dummheit, und daß der Dumme glücklich sein soll, das ist wohl eine der dümmsten Selbstverständlichkeiten.
Aber was fällt dem Wohlhabenden ein in seinem Unglück? Wohl nichts anderes, als noch wohlhabender, nämlich reich zu werden. Reich sein heißt nichts anderes, als noch mehr von dem zu besitzen, was man braucht und brauchen kann. Wer mehr be-

sitzt, besitzt zum mindesten alles. (Ich staune immer darüber, wie leicht es dem Lottospieler fällt, die Frage zu beantworten »Was machst du mit dem Millionengewinn?« Die Antwort geht immer in dieselbe Richtung: Die Millionen würden es dann schon von selbst schaffen.)

Unser Irrtum ist wohl der, daß wir Glück für etwas Totales halten und nicht für etwas Relatives. Also müßte der totale Reichtum auch das totale Glück schaffen, oder die totale Gesundheit müßte das totale Glück schaffen oder die totale Marktwirtschaft oder der totale Sozialismus oder die totale freie Fahrt für Automobilisten oder die totale Energieproduktion oder die totale Umweltbelastung oder der totale Sport und der totale Olympiasieg oder der totale Rausch oder die totale Abstinenz. Wir denken totalitär, wir haben alle eine Neigung zum Totalitarismus.

Die Frau, die mir auf meine Kolumne über die Bahnhofsuhr geschrieben hat, ich hätte wohl auch gemeckert, wenn man die Uhr wieder angebracht hätte, die hat wohl recht. Ich bin weder ein Uhrenbefürworter noch ein Uhrengegner; ich bin nicht bereit, eine Gesellschaft oder Partei zum Schutze der Bahnhofsuhren zu gründen. Ich habe damals nur festgestellt, daß mir Veränderungen zu denken geben, und ich habe versucht, darüber nachzudenken. Wer total für Uhren ist oder total dagegen, wer für totalen Denkmalschutz ist oder total dagegen – den wird wohl unentschiedenes Denken darüber stören.

Totalitäre sind solche, die bereits gedacht haben, oder besser: bereits gedacht bekommen haben – und die deshalb Denken für unnötig halten.

Eine andere Geschichte: Vor vielen Jahren sagte mir ein junger Freund, der etwas Mühe hatte mit seinem Studium, er habe sich nun für den humansten Beruf entschieden, und er war sehr entsetzt, als ich nicht wußte, welches der humanste Beruf sei. Er wollte Arzt werden. Das ist ein guter Beruf und ein nötiger und sicher auch ein menschlicher Beruf. Aber warum es ausgerechnet der menschlichste aller Berufe sein soll, das leuchtet mir auch heute noch nicht ein. Mir fällt aber ein möglicher Slogan ein: »Medizin ist das ganze Leben.«

Wenn dieser Slogan stimmt, dann gibt es wirklich nur einen humanen Beruf, den des Arztes. Und es mag auch Ärzte geben, die solches von ihrem Beruf halten. Es sind dann wohl auch jene, die ihre Patienten als eine Art Besitz betrachten. Wer sich als ganzes Leben empfindet, ist auch Herr über das ganze Leben.

Also wäre Reichtum auch das ganze Leben oder Sexualität oder Psychologie oder Ökonomie oder Öko-

logie oder gesunde Ernährung oder, um es für einmal sprachlich unpathetisch zu formulieren: »Das ganze Leben ist Autofahren.« (Da fällt mir noch ein: Landesverteidigung ist auch das ganze Leben.)
Zurück zum Reichtum: es gibt diese schöne Geschichte in der Bibel von der Witwe, die mit ihrem letzten Öl und letzten Mehl dem Flüchtling Elias ein Brötchen bäckt, und Gott machte, daß immer noch ein bißchen Öl im Krug blieb und ein bißchen Mehl im Topf. Immer, wenn sie es rausnahm, war wieder ein kleines bißchen drin. Das ist nicht Reichtum, das ist Bescheidenheit. Aber ein solches Portemonnaie, in dem nie genug drin ist, um Großes zu kaufen, aber immer ein bißchen für Kleines – das wäre Glück.
Die Totalitären dagegen drohen uns immer mit »gar nichts«. Wer nicht den Reichtum will, der will offensichtlich nichts. Wer nicht Wachstum will, der will den wirtschaftlichen Zusammenbruch. Wer nicht die totale Medizin will, der will wohl die totale Krankheit. Wer nicht die totale Sexualität will, der will wohl die totale Frustration.

Das Außergewöhnliche und das Erzählen

Einer erzählt, er habe eben gesehen, wie ein Auto in das Podest reingefahren sei, wo der Verkehrspolizist darauf gestanden habe. Der Polizist sei auf die Motorhaube gefallen und dann schräg auf die Straße.

Offensichtlich ist alles glimpflich verlaufen, und so ist es eine lustige Geschichte, und alle lachen. Jetzt ist doch endlich wieder einmal etwas passiert, und der Erzähler hat es sogar selbst gesehen. Er war wirklich dabei, und er glaubt, er habe nun etwas zu erzählen, weil er doch dabei war, und er erzählt es deshalb noch einmal – noch einmal die genau gleiche Geschichte. Dann erzählt er sie noch einmal, und so geht das weiter, eine halbe Stunde, eine Stunde. Er wird lauter und lauter, und es mischt sich fast ein wenig Verzweiflung in seine Sätze. Er hat etwas Außergewöhnliches erlebt, eine wahre Geschichte, und jetzt, erzählend, merkt er selbst, daß das keine Geschichte ist, keine Geschichte ergibt.

Das hat nichts zu tun mit seiner Unfähigkeit zu erzählen, Leute, die vom Erzählen leben, Schriftsteller, sind daran gewöhnt, daß Ereignisse noch keine Geschichten sind.

Es gibt die Vorstellung, daß sich früher die Männer in der Wirtschaft richtige Geschichten erzählt, daß sie sich zum Beispiel Märchen erzählt haben. Ich glaube, das ist eine Legende – wie etwa auch die Legende vom Großvater, der auf der Ofenbank saß und Geschichten erzählte. Aber vorstellbar ist, daß es früher noch Zuhörer gab, geduldige Zuhörer. Geduld heißt auch mit Langeweile umgehen können, und Erzählen ist auch umgehen mit Langeweile.

An einem anderen Tisch haben drei Männer einen lauten Streit. Jeder von ihnen weiß ganz genau, wie lange der Flug von Zürich nach Jeddah dauert. Und jeder glaubt auch zu wissen, wie viele Kilometer das sind. Der Vorschlag, man könnte es auf einer Karte nachmessen, hat hier keinen großen Sinn, das exakte Faktum ist eigentlich gar nicht erwünscht. Das ist doch eigenartig, daß man zwei Stunden über ein Faktum »diskutieren« kann, das man ohne Schwierigkeiten irgendwo nachschlagen könnte.

Aber in Wirklichkeit geht es nicht um die Flugdauer, sondern um etwas »Außergewöhnliches«, nämlich darum, daß jeder von den dreien schon mal in Saudi-Arabien war als Arbeiter. Darüber möchten sie jetzt sprechen, nur sprechen, eigentlich nur sagen: »Ich war in Saudi-Arabien.«

Auch das ist – wie der Polizist, der vom Podest fällt – etwas Außergewöhnliches, etwas Beeindruckendes wohl auch, etwas, das die anderen nicht kennen. Aber weil die drei es nicht erzählen können, bleiben ihnen nur noch ein paar Fakten, eine Anzahl Kilometer, eine Anzahl Flugstunden. Das Wissen um die Fakten soll beweisen, daß sie da waren, und sie beweisen gar nichts. Das ist zum Verzweifeln, und deshalb müssen sie laut werden. Ihre Monate in Arabien sind eingebettet in die ganze übrige Langweiligkeit ihres Lebens. Nur wenn sie es erzählen könnten, könnten sie es auch erleben. Sprechen und Reden ist kein Ersatz fürs Erzählen.

Aber wir leben wohl mehr und mehr nur noch in Außergewöhnlichkeiten, in der Außergewöhnlichkeit zum Beispiel, daß heute das neue Einkaufszentrum eröffnet wird, daß heute die Herbstmesse eröffnet wird, und die Leute strömen, um ihrer Langeweile zu entfliehen. Das größte Geschäft, das man mit Konsumenten machen kann, ist das Geschäft mit ihrer Gelangweiltheit.

Vielleicht würde eine erzählende Gesellschaft wirklich das Bruttosozialprodukt gefährden. Ich könnte mir auch vorstellen, daß in armen Gegenden mehr erzählt wird als in reichen. Eine absurde Frage: Sind sie nicht reich, weil sie zuviel erzählen, oder erzählen sie, weil sie nicht reich sind?

Wenn das so wäre – es ist wohl nicht so –, dann wäre es wohl richtig, nicht mehr erzählend, sondern eben konsumierend zu leben. Mit dem Geld kann man sich ja dann das Leben kaufen, die Reise nach Jeddah vielleicht. Und man wird die Beweise zurückbringen müssen, daß man dort war. Man wird zum Beispiel wissen müssen, wie lange der Flug gedauert hat, wie das Essen war und wie die Preise waren – und alles wird außergewöhnlich sein und alles nicht erzählbar. Ich meine damit gar nicht, daß man es anderen erzählen können müßte, sondern vor allem sich selbst.

Ich denke an jenen alten Bauernknecht, der überhaupt nicht erzählen konnte. Er war durch Zufälle und komplizierte Umstände in der ganzen Welt herumgekommen, und wenn man ihn aufforderte zu erzählen, dann setzte er sich, schaute in die Luft, überlegte lange und sagte: »Zum Beispiel San Francisco – üü dehr, zum Beispiel Hongkong – üü dehr.«

Natürlich lächelten wir darüber. Aber wir hörten ihm doch gespannt zu, denn wir hatten den Eindruck, daß tief in ihm drin Geschichten steckten, die er sich, nur sich selbst, erzählte.

Eingesperrt in einem Land

Ein Freund fragt mich nach einem langen Gespräch über Politik, ob meine politische Resignation nicht vielleicht doch nur meine persönliche Resignation sein könnte.
»Nein«, antwortete ich, »ich lebe gern, ich genieße mein Leben ab und zu, ich kann mich freuen.«
Inzwischen verbrachte ich wieder einmal einige Tage mit großer Langeweile. Nichts wollte gelingen, nichts wollte mir einfallen. Die Zeit wollte nicht vergehen, ich saß herum, ich ging ein wenig durch die Stadt, und die Stadt fand ich auch langweilig und die Leute auch und das schöne Wetter auch. Dabei wußte ich ganz genau, daß es nur meine eigene Gelangweiltheit war, aber ich empfand nicht mich als langweilig, sondern meine ganze Umgebung.
Da fiel mir die Frage meines Freundes wieder ein, und meine Antwort überzeugte mich nicht mehr sehr. Denn wenn ich zum Beispiel sage, das ist eine langweilige Stadt, eine langweilige Gegend: dann ist das letztlich nur meine eigene, ganz persönliche Langeweile. Das weiß ich schon, aber es fällt mir schwer, es auch einzugestehen.

Vielleicht war also die Frage meines Freundes berechtigt. Es wird ja auch so sein, daß ich mit keinem anderen Temperament über etwas nachdenken kann als mit meinem eigenen. Es wäre eigenartig, wenn mein politisches Denken nicht immer wieder auch mit mir selbst, mit meinen eigenen Schwierigkeiten zu tun hätte. Und Berufspolitiker können mitunter nur deshalb unglaubhaft wirken, weil es ihnen so sehr gelingt, Politik von sich fernzuhalten und zu behandeln wie lebloses Material.

Die Frage, ob die Tausende von jungen DDR-Bürgern, die ihr Land verlassen, es aus persönlichen oder aus politischen Gründen tun: die ist wohl nicht zu beantworten. Aber mir fällt, wenn ich davon höre, doch nur Politik, eine verfehlte Politik ein. Wer aus einem Gefängnis ausbricht, der wird seine Tat nicht zu begründen haben. Er will nichts anderes als – was das auch immer ist – die Freiheit. Und Einsperren, wie auch immer einsperren, ist Folter. Freiheitsberaubung liegt dann vor, wenn ich nicht gehen kann.

In den letzten Wochen habe ich wieder ein paar anonyme Aufforderungen bekommen zu gehen, »wenn es mir hier nicht passe«. Die vorgeschlagene Stadt ist immer noch dieselbe wie vor zwanzig Jahren: Moskau. »Geh doch nach Moskau, wenn es dir hier nicht paßt.« Ich war noch nie dort und hatte auch nie die Absicht, dort zu sein. Eine schweizerische Einrichtung, die mir so sehr gefällt, soll es dort kaum geben, nämlich die Beiz.

Auch gestern war ich in der Beiz. Am Nebentisch saßen einige, die fluchten auf alles in diesem Land, auf die Baugesetze, die mit freier Wirtschaft nichts mehr zu tun hätten, auf die Raumplanung und den Umweltschutz, auf die Tempolimite und auf die Parkbußen – alles Themen, wo ich gegenteiliger Meinung gewesen wäre, nämlich der Meinung unserer Politik und unseres Parlamentes. Und jene, die dort laut aufeinander einredeten, die ärgern sich sonst immer wieder sehr darüber, daß ich dieses Land nicht immer loben will.

Sollen jetzt sie gehen, weil »es ihnen nicht paßt«, oder soll ich gehen, weil »es mir nicht paßt«?

Unsere Grenzen sind offen, das ist ein Grund zu bleiben. Das Angebot der Freiheit macht frei. Jedes Angebot der Freiheit auch zu benützen, das würde grauenhaft unfrei machen. Die Schweiz legt mir zwar nichts in den Weg, wenn ich nach Australien möchte, aber das ist doch noch lange kein Grund, nach Australien zu gehen.

Es gibt inzwischen in meiner Stadt sehr wenige Kinos. Das ärgert mich, das schränkt mich auch ein, aber ich gehe – auch andernorts – ganz selten ins Kino. Trotzdem, die Vorstellung, daß es die Möglichkeit, ins Kino zu gehen, überhaupt nicht mehr gäbe, das ist für mich eine Vorstellung von »Gefangenschaft«. Ich brauche das Angebot der Freiheit, ins Kino zu gehen, das Kino selbst brauche ich fast nicht.

Wenn man mich aber einsperren sollte, irgendwie und irgendwo, dann hätte ich nichts mehr anderes im Sinn als die totale Freiheit. Dann möchte ich nur noch ins Kino gehen, nur noch nach Australien fahren, nur noch Wein trinken, nur noch meine Meinung sagen dürfen, nur noch –

Das ist das Elend. Die Hoffnung auf die Freiheit ist immer Hoffnung auf totale Freiheit – nur Freiheit, nichts anderes als Freiheit.

Es ist mir viel wert, freiwillig in diesem Land zu leben. Unfreiwillig würde ich es hier nicht aushalten, unfreiwillig würde ich es auch in keinem anderen Land aushalten. Dabei reise ich gar nicht gern und bin eher seßhaft veranlagt. Ich sitze gerne und gern lange am selben Ort. Trotzdem habe ich immer wieder das Gefühl, eingesperrt zu sein im eigenen Land, in der eigenen Person, in der eigenen Langeweile.

Und da fällt mir ein: es gibt eine sanfte Form von Einsperren auch in unserer Schweiz. Unser Fernbleiben von der EG hat zum Beispiel auch die Folge, daß junge Schweizer Mühe haben, eine Aufenthaltsbewilligung in anderen europäischen Ländern zu bekommen. Das kann recht bitter sein für einen jungen Menschen in einem kleinen Land.

Sind wir Zeitgenossen?

Die Zeitung vom 15. Februar 1993 zum Beispiel – das ist noch nicht so lange her –, ich lese sie jetzt zufällig. Auf den starken Mann von Algerien ist ein Anschlag verübt worden. Rußland und USA zeigen Bosnien-Harmonie. Was das wohl ist: Bosnien-Harmonie? Und »Hohe Wahlbeteiligung im Niger« und »Erfolg von Israels Deportierten-Kompromiß«. Zufälligerweise in dieser Nummer keine Erwähnung des Problems der Kurden, kein Sudan, kein Hunger – zufälligerweise; keine Arbeitslosigkeit auch – zufälligerweise – im Inlandteil.

Und ich lese das alles im Wissen, daß es Arbeitslosigkeit gibt, daß es Krieg gibt in Bosnien, daß es Hunger gibt in der Welt. Und ich langweile mich bei der Lektüre der Zeitung vom 15. Februar. Es ist nichts Wirkliches geschehen, und selbst die Skiweltmeisterschaften hinterlassen nicht viel mehr als ein schales Gefühl.

Doch, die Kurden sind erwähnt – im Lokalteil: »Auch an diesem Samstagnachmittag ist in der Zürcher Innenstadt wieder eine Demonstration durchgeführt worden. Diesmal waren es knapp 1000 Kurdinnen und Kurden ...« Das »Diesmal« läßt auf das

langweilende »Immer wieder« schließen. Langeweile wird so zum Argument gegen Aktualität. Selbstverständlich gab es am 14. Februar Tote in Bosnien, selbstverständlich sind in Bosnien am 14. Februar Menschen verhungert, und nicht nur dort. Aber die Meldung darüber würde uns langweilen, wir wissen doch schon, daß Menschen verhungern, und wenn es nicht mehr sind als üblich, dann langweilt die Meldung.
Ich lese eine Zeitung vom 15. Februar – das ist noch nicht lange her – und bekomme den Eindruck, daß die Welt – einigermaßen – in Ordnung ist; daß sich das, was ist, in Buchstaben ordnen läßt. Und ich versuche mir vorzustellen, daß in 50 Jahren jemand diese Zeitung in die Hände bekommt und die Vorstellung haben wird, daß damals, am 15. 2. 93, die Welt einigermaßen in Ordnung war. Wir wissen zwar alle, daß sie es nicht war, und weil wir es bereits wissen, hat die Zeitung nicht dauernd davon zu berichten. Ich beklage mich nicht über die Zeitung – ich bin vielmehr entsetzt darüber, daß es mir tagtäglich gelingt, mich mit der Zeitung zu langweilen.
Jener, der sie lesen wird in 50 Jahren, wird diese Zeitung ohnehin nur abklopfen nach all den Dingen aus unserer Zeit, die Geschichte geworden sind. Und niemand weiß, ob der 15. 2. 93 Geschichte wird. Sollte jener Montag Geschichte werden, ich bin über-

zeugt, jener Leser in 50 Jahren wird enttäuscht sein, sie in der entsprechenden Zeitung nicht zu finden – vielleicht auch nur deshalb, weil sich unsere Gelangweiltheit von seiner Gelangweiltheit unterscheidet.

Im Tagebuch von Ennio Flaiano steht der wunderschöne und bitterböse Satz: »Und meine Reisen in China haben wahrhaftig wenig Bedeutung, verglichen mit den tastenden Schritten im Dunkeln vom Bett zur Küche, auf der Suche nach einem Glas Wasser.«

Er meinte damit bestimmt nichts Zynisches. Er meinte vielmehr, daß die wirkliche Welt im Kleinen liegt und nicht im Großen, nicht im Exotischen und Ausgefallenen.

Nur, es wird halt dann doch zum Zynismus. Zum Beispiel dann, wenn ich in meinem Arm fürchterliche Schmerzen habe, nachts nicht schlafen kann, eine alte Zeitung finde, gelangweilt und unter Schmerzen darin rumblättere. Und »Schmerzen« ist ohnehin ein großes Wort, verglichen mit den Schmerzen dieser Welt. Aber es tut halt weh – und zwar mir.

Letztlich ist es die Frage nach der Zeitgenossenschaft: Sind wir Zeitgenossen? Erleben wir mit, was in dieser Zeit geschieht? Könnten wir Auskunft geben – jenem Interessierten in 50 Jahren zum Beispiel –,

was denn eigentlich war in jener Zeit, in der wir lebten. Was da war mit den Kurden, mit den Irakern, mit dem Sudan, mit Algerien, mit Israel und den Palästinensern, mit der Arbeitslosigkeit und der Krise?
Nein, wir könnten es nicht. Unsere Auskunft wäre weniger wert als die Auskunft irgendeines Geschichtsbuches. Und ich lese diese Zeitung vom 15. Februar 1993 und stelle fest, daß sie nicht einmal mir Auskunft geben will über jene Zeit, die erst vor ein paar Tagen stattfand. Das hat nichts zu tun mit der sogenannten Schnellebigkeit, nichts zu tun mit der mangelnden Qualität der Zeitung, sondern nur und ausschließlich mit mir. Schließlich muß ich auch leben, und schließlich schmerzt mich mein Arm.
Nein, ich bin kein Zeitgenosse. Aber sollte ich achtzig werden, ich bin überzeugt – auch ich werde dann behaupten, ein Zeitgenosse gewesen zu sein. Leider werden es mir dann einige glauben.

Und die Ideen?

Kaum eine andere Frage macht mich so verlegen wie die fast alltägliche Frage an einen Schriftsteller: »Woher haben Sie Ihre Einfälle?«

»Genau vom selben Ort, wo alle anderen Leute ihre Einfälle auch herhaben«, sage ich, und die oder der Fragende sagt: »Ich habe aber selten oder nie Einfälle«, und ich sage: »Ich auch.«

Die Frage macht mich verlegen, weil ich zum vornherein weiß, daß mir die Antwort niemand glaubt. Und ich muß wohl nicht erwähnen, daß ich eben jetzt an der Schreibmaschine sitze, eine Kolumne schreiben sollte und daß mir nichts einfällt. Ich komme eben aus Berlin, ich war kürzlich in London. Ich reise seit Wochen. »Wenn einer eine Reise tut, dann kann er was erzählen.« Also müßte ich jetzt doch zu erzählen haben. Ich habe nichts, und irgendwie muß etwas an dem Satz, der so selbstverständlich klingt, nicht stimmen. Denn inzwischen reisen alle, und alle haben nichts zu erzählen. Der Großvater jedenfalls, der noch erzählte, damals, der war nicht weit gereist. Ich bin gestern zurückgekommen, ich fahre morgen wieder weg, und ich sitze da und habe nichts zu erzählen.

Woher habe ich denn meine Einfälle, und woher hatte sie denn jener Großvater auf jenem berühmten Ofenbänklein? Er erzählte an langweiligen und endlosen Abenden, er erzählte in der Langeweile, und er hatte dafür lange Weile, eine lange Zeit, und Einfälle kommen aus der Langeweile. Ich habe nur Einfälle, wenn ich mich langweilen kann, sehr lange langweilen kann, und gute Erzählungen beginnen oft mit dem Wort »Damals«, denn zwischen dem Ereignis und der Erzählung muß Zeit verstrichen sein, die Zeit der Langeweile. Daß wir von damals erzählen, das hat nicht einfach nur mit Nostalgie zu tun, sondern mit der langen Zeit, die eine Geschichte braucht. (»Längi Zyt« heißt im Berndeutschen übrigens Sehnsucht.)

»Wenn einer eine Reise tut ...«, das ist wohl ein uralter Satz. Und es müssen andere Reisen gewesen sein, die damals gemacht wurden – lange und umständliche und langwierige, die schon in sich die Langeweile hatten, die Einfälle möglich macht. Inzwischen reisen Journalisten: Drei Tage Bosnien – gesehen, beschrieben, fotografiert. Und die Handelsreisenden wissen höchstens ein Restaurant in Singapur zu empfehlen.

Nein, ich nehme mich da nicht aus, und ich lache auch nicht über sie. Auch ich habe nichts zu erzählen. Ich erlebe im Augenblick zuviel – und wer viel erlebt, der hat wenig zu erzählen, dem fällt wenig ein. Erzählen hat nichts mit Fleiß zu tun und Einfälle Haben auch nicht.

Und dabei fällt mir ein, daß wir in einer Zeit leben, die Einfälle nötig hätte: Einfälle in der Politik, Einfälle in der Wirtschaft; und zwar dringende Einfälle. Aber die Zeit ist schlecht und sie ist hektisch. Es sollte jetzt schnell gehen. Und wir leben in einer Zeit der Rationalisierungen. Aber Ideen lassen sich nicht rationalisieren. Wer jene, die sich langweilen, wegrationalisiert, der rationalisiert auch die Ideen weg.

Die Ideen hätten wir haben müssen, als wir noch Zeit hatten. Aber eben auch schon damals hatten wir keine Zeit. (So wie der Staat in der guten Zeit hätte Geld auf die Seite legen sollen – aber eben, schon damals hatte er kein Geld. Und wer sprach denn schon von einer guten Zeit, damals?) Und daß Not erfinderisch mache, das können nur jene meinen, die nicht in der Not leben. Die Not und die Angst lähmen, und der Arbeitslose hat die Zeit nicht zur Langeweile.

Der Philosoph Kant verbrachte sein ganzes Leben in Königsberg und schrieb über die ganze Welt. Er hatte viel Zeit dafür, und es ist ihm etwas eingefallen. Er hat seine Reisen im Kopf gemacht. Und er hatte lange Zeit, »Längi Zyt« – Sehnsucht.

Die Legende von Hugo Koblet

Rominger hat gewonnen, das hat mich gefreut. Eines Tages war er da, der Name Rominger. Und man konnte ihn sich gleich merken, nicht einfach Rominger, sondern *der* Rominger – der einzige. Indurain mag ich auch, ein toller Fahrer, aber Rominger hat noch eine andere Qualität: Irgendwie ist er genau gleich wie ich, er ist Schweizer, er ist dasselbe wie ich, und ich zittere mit ihm und für ihn am Fernsehen.

Was macht uns denn gleich? Sein sportlicher Leiter sagt in einem Interview: »Dazu kommt, daß er auch mit 34 Jahren so seriös arbeitet wie kein anderer – er ist eben Schweizer.« Und schon das trifft auf mich nicht zu. Ich kann nicht so seriös arbeiten wie kein anderer. Aber er spricht wenigstens dieselbe Sprache wie ich, Schweizerdeutsch. Aber auch in Gegenden der Schweiz, wo diese Sprache nicht gesprochen wird, freut man sich über seinen Sieg, und Rominger spricht noch sechs andere Sprachen fließend. Er wohnt nicht in der Schweiz, sondern in Monaco. Er fährt für eine spanische Mannschaft, zusammen mit Belgiern und Italienern. Er ist in Dänemark geboren. Ich kenne Türken, Italiener, Spanier, Jugoslawen, die hier in der Schweiz geboren sind, hier ihre Steuern bezahlen, so gut Schweizerdeutsch sprechen wie Rominger und wir – wären sie aber Radrennfahrer und würden den Giro gewinnen, dann würde halt eben ein Jugoslawe, ein Türke gewinnen, auch wenn er in seinem Leben nie anderswo gewohnt hätte als in der Schweiz.

Nationalität ist etwas sehr Eigenartiges. Und sollte es dereinst einmal keine Nationalitäten mehr geben, es würde sehr schwer sein, den Leuten dann zu erklären, was das war damals: eine Nationalität.

Aber vorläufig haben wir noch eine Nationalität, und ich freue mich darüber, daß Rominger dieselbe hat wie ich – auch wenn er mir ferner ist als der Türke, der hier in Solothurn, in der Schweiz aufgewachsen ist und lebt.

Übrigens gab es einmal einen anderen Rominger, einen – so scheint es mir –, der noch berühmter war zu seiner Zeit. Er trug als Markenzeichen eine weiße Schirmmütze, eben eine Romingermütze, war ein Skirennfahrer und Slalommeister. Ich habe ihn als Kind noch gesehen, er zog von Warenhaus zu Warenhaus, verteilte Unterschriften und kommentierte seine Filme, in denen er in großen Schleifen um die Stangen fuhr, und er erzählte vom Skifahren.

Ein anderer hieß Koblet – von dem hört man noch. Ich glaube nicht, daß man von Rominger so lange hören wird. Irgendwie hatten die Siege von Koblet einen anderen Glanz. Warum? Sehr wahrscheinlich, weil wir seine »Taten« nicht eins zu eins am Fernsehen mitverfolgen konnten, sondern weil sie uns erzählt wurden – von Schampi Gerwig zum Beispiel, der uns am Radio ganze Etappen bis ins Detail erzählte. Von Sport erfuhren wir durch Erzählungen. Inzwischen sind wir alle am Fernsehen live dabei, und den anderen Medien bleibt nichts anderes mehr übrig, als ein paar Statistiken, ein paar Hintergrundinformationen, ein paar Ranglisten nachzuliefern. Ich habe mir am Dienstag nach Pfingsten ein paar zusätzliche Zeitungen gekauft, weil ich das, was ich gesehen hatte, gern noch einmal erzählt bekommen hätte. Aber die Sache war gelaufen, es gab nichts mehr zu erzählen.

Eine Legende aber ist eine Erzählung. Nur in einer Erzählung kann jemand zu einer Legende werden. Und weil wir nicht mehr erzählen, bleibt alles live und schal. Keine Hintergrundinformation, keine Homestory macht das wett. Das Original ist glanzlos. Wir erzählen nicht mehr davon, wir sind nur noch dabei. Und wenn es zu Ende ist, dann ist es halt zu Ende, und wir warten auf die nächste Sensation. »Es ist so langweilig geworden«, sagte Rominger am Anfang des Giros, »alle wollen nur, daß ich siege.« Die Geschichte will niemand mehr; vielleicht meinte er das damit.

Die schöne Schwester der Langeweile

Eigentlich müßte ich jetzt über die Fußball-Europameisterschaften schreiben – oder viel schlimmer: Eigentlich kann ich jetzt über gar nichts anderes schreiben, denn die Europameisterschaften besetzen meinen Kopf. Nein, nicht den ganzen, in meinem Kopf ist noch anderes: Ich weiß noch, wie ich heiße, wo ich wohne, ich weiß noch einiges, was ich gelernt habe, was ich gelebt habe. Ich interessiere mich für vieles andere mehr als für Fußball. Und was ich über Fußball weiß, ist wohl ein ganz kleiner und unwichtiger Teil meines Wissens, und ich verstehe auch nicht viel davon. Trotzdem, der Fußball beginnt meinen Kopf zu besetzen.

Als Kind habe ich mir mal ein Schulheft gekauft und auf das Etikett geschrieben: »Was ich alles weiß«. Ich wollte sozusagen ein Inhaltsverzeichnis meines Hirns anlegen. Ich wollte wissen, wieviel drin ist. Also: »Ich weiß, wie ich heiße. Ich weiß, wo ich wohne. Ich weiß den Namen meiner Schwester. Ich weiß, wie sie aussieht. Ich weiß die Namen meiner Mitschüler. Ich weiß, ich weiß …«

Auf meinem Computer ist ein Dateimanager. Da kann ich schauen, was und wieviel da alles drin ist.

Und ich staune, wieviel es ist – und wieviel da noch Platz hätte. Ich werde ihn nie füllen können. Ich frage mich – eine kindliche Frage –, wieviel Platz all das, was ich weiß (wo ich wohne, wie man die Eisenbahn benützt, die Marke meiner Zahnpasta), auf einem Computer beanspruchen würde.
Ich lösche auf meinem Computer alles, was ich nicht mehr brauche. Ich werde ihn zwar nie füllen, aber ich geize mit Kilobytes. Mit meinem Hirn kann ich das nicht, wenn auch die Festplatte meines Hirns – mein Gedächtnis – noch viel freien Raum hätte. Ob, wenn ich etwas vergesse, auch in meinem Hirn Raum frei wird?
Ich habe mich als Kind furchtbar gelangweilt und meine Mutter damit gequält, die ich allerdings auch im Verdacht hatte, daß sie sich langweilt. Sie versuchte meine Langeweile nur deshalb zu bekämpfen, weil ich es besser haben sollte als sie.
Ich habe dann halt Bücher gelesen aus Langeweile. Ich habe versucht, ein Inhaltsverzeichnis meines Hirns anzulegen, aus lauter Langeweile. Und ich habe mich mehr und mehr daran gewöhnt, in der Langeweile zu leben – in den Leerstellen meines Hirns.
Und diese Leerstellen, so scheint mir, unterscheiden sich vom freien Platz auf der Festplatte meines Computers. Irgend etwas ist da drin, in diesen Leerstel-

len: die quälende Gelangweiltheit und ihre sanfte Schwester, die Langeweile. Jene Langeweile, die die Zeit lang macht, das Leben lang macht, jene lange Weile, die mir Zeit gibt, die mir »lange Zeit« gibt, auf Schweizerdeutsch »Längi Zyt«, ein wunderschönes Wort für Sehnsucht.

Nur eben, im Augenblick, sind die Leerstellen in meinem Hirn, wo die »Längi Zyt«, die Langeweile, wohnt, besetzt von etwas, das ich gar nicht will, von Fußball, und wenn der Fußball vorbei ist, dann wird Werbung diesen Teil besetzen wollen und Scheinärger und Scheinnachrichten. Ich kriege den freien Teil in meinem Kopf nicht frei.

Die etwas schwerfällige, aber wunderbare Langeweile hat eine lustige, schöne, aber böse Schwester – sie heißt Kurzweil. Sie versaut und verkürzt uns das Leben, denn jene leere Ecke in meinem Hirn, in der die Langeweile sich gemütlich breitmachen möchte, jene leere Ecke, in der die Langeweile zur Sehnsucht wird, das wäre wohl ich – ich ganz selber. Aber immer wieder ist sie besetzt von der schönen, bösen Schwester Kurzweil. »Ich bin kein Dichter«, hat Paul Valéry gesagt, »ich langweile mich nur.«

Die Sucht verlieren

Als Othmar Götschi am 3. Juni 1998, einem Mittwoch, um zehn nach sechs erwachte, wußte er noch nichts davon. Er stand auf, machte sich einen Kaffee, setzte sich an den Tisch, starrte vor sich hin, dann ging er zur Arbeit, dann kam er von der Arbeit, dann erwachte er am 4. Juni 1998, einem Donnerstag, um zehn nach sechs, machte sich einen Kaffee, setzte sich an den Tisch, starrte vor sich hin, ging und kam von der Arbeit, und erst am Freitagabend fragte ihn seine Frau: »Sag mal, Othmar, rauchst du nicht mehr?« Othmar erschrak. Er hatte es selbst nicht festgestellt. Dem Othmar war eine Sucht abhanden gekommen. So einfach ist das, eines Tages raucht man nicht mehr. Die Frau freut sich, die Kollegen gratulieren, der Hausarzt ist zufrieden.

Im Ernst, ich fürchte mich davor, daß mir eines Tages eine Sucht abhanden kommen könnte. Und ich fürchte mich davor, daß ich es wohl gar nicht bemerken würde.

Kürzlich fragte mich ein Freund, der liest, was ich denn im Augenblick lese. Ich erschrak dabei, mich selbst ertappt zu haben, daß ich im Augenblick nichts lese, und ich erwähnte das Buch, das ich vor einiger

Zeit gelesen hatte, »Candide« von Voltaire, denn ich wollte vor meinem Freund nicht den Eindruck erwecken, daß ich kein Süchtiger mehr bin, daß ich es – endlich – geschafft habe, ohne Buchstaben zu leben. Ist mir die Lesesucht abhanden gekommen? Und wenn, wann war das, an welchem Mittwoch und um welche Zeit? Denn eine Sucht verschwindet nicht nach und nach, das ist ein Entweder-Oder. Der Gedanke, daß ich kein Süchtiger mehr bin, ist mir unerträglich. Wie schaffe ich es, rückfällig zu werden? Wer führt mich zurück in die Sucht?

Nein, ich will hier nichts verharmlosen. Ich kenne Süchtige, die sich seit Jahren mit kaum etwas anderem befassen als mit der Hoffnung, davon loszukommen. Und ich kenne meine gefährlichen Süchte. Eines Tages werden sie weg sein, so oder so. Sie werden auch weg sein, wenn sie mich umgebracht haben.

Nur habe ich gehört – und das hat mir auch eingeleuchtet –, daß es ein grundsätzliches Suchtverhalten gibt, daß also Alkoholsucht und Nikotinsucht etwas miteinander zu tun haben können, und viele andere Süchte auch. Ich kenne es selbst durchaus, dieses Suchtverhalten, und ich habe keineswegs gelernt, mit Süchten umzugehen – bei mir ist es ein Entweder-Oder, viel oder nichts.

Etwa mit zehn, elf Jahren fing es an, ich wurde süchtig, buchstabensüchtig, ich fraß Buchstaben bis zur Vergiftung: blaue Ränder unter den Augen, Schlaflosigkeit, Konzentrationsschwäche in der Schule und zudem noch schwach in der Rechtschreibung. Ich las so schnell, daß ich nicht mitbekam, wie es geschrieben ist. (Heute rauche ich so schnell, daß ich nicht mitbekomme, wie es schmeckt.) Ich las alles, was mir vor die Augen kam, erst mal das ganze Lexikon meines Vaters, die Bibel und alles andere, was noch so an Gedrucktem zu Hause herumlag, viel war es nicht, aber immerhin. Wie schön war es doch, zu lesen, als man das Gute noch nicht vom »Schlechten« unterscheiden konnte, als Adalbert Stifter und Courths-Mahler – die fand ich schon bald in der Bibliothek – noch dasselbe waren, eben Buchstaben, die man verschlang. (Als der Rotwein noch Rotwein war, nur Rotwein und nichts anderes.)

Ich höre am Radio eine Diskussion zwischen einem Vertreter der Tabakindustrie und einem Gegner des Rauchens. Der Gegner spricht von Sucht, der Befürworter von Genuß. Der Befürworter hat unrecht, wäre Rauchen ein Genuß, ich hätte es längst aufgegeben. Gewohnheit ist etwas weit Höheres als Genuß, Gewohnheit ist die alltägliche Art, das Leben zu verbringen. Das Leben, das für jene kurz ist, die es kurzweilig gestalten, und lang für jene, die es langweilig gestalten.

Ich habe mich schon als Kind für das »lange« Leben entschieden, für ein Leben mit langen dicken Büchern, für ein Leben mit Buchstaben, die man aneinanderreihen muß, einen nach dem anderen, täglich Tausende. (So wie man auch Zigaretten aneinanderreihen kann.)
Ob das gescheit ist? Nein, das ist wohl nicht sehr gescheit, und ich bin überzeugt, daß nicht nur Drogensüchtige, sondern auch Leser soziale Kosten verursachen, sie verträumen das Leben, sie stolpern mit ihrem Tolstoi im Kopf über die Straße und gefährden sich und den Verkehr, sie schneiden sich in die Finger, sie bewegen sich zuwenig.
Trotzdem, mein Leben wäre mir zu kurz gewesen ohne Buchstaben. Aber ich stelle fest, daß mir ihre Dringlichkeit nach und nach abhanden kommt. Ich lese immer noch, aber die Sucht ist mir abhanden gekommen.
Vielleicht geht jetzt auch das Rauchen weg – und dann auch der Rotwein. Vielleicht erwache ich eines Tages wie Othmar Götschi und bin nicht mehr süchtig. Davor fürchte ich mich.

Das Metzgerspiel

Eine lange Bahnreise durch Norddeutschland, Schleswig-Holstein – ich habe das schon mal beschrieben: Die Landschaft sollte mir fremd sein, und die Leute, die ich hier treffe, sprechen mich auch darauf an: »Sie könnten hier wohl nicht leben, Sie als Schweizer, Sie würden wohl schon bald Ihre Berge vermissen.« Meine Berge? Ich habe keine Berge. Und eigenartigerweise ist mir diese Landschaft hier in Norddeutschland nicht fremd, sondern vertraut wie fast keine. Es ist eine der Landschaften aus meiner Kindheit, mein geliebtes Zusammensetzspiel, neun Würfel, mit denen man sechs verschiedene Landschaften, offensichtlich norddeutsche Landschaften, zusammensetzen konnte. Ich bin als Kind stundenlang auf diesen Bildern herumgereist.

Nun kann das Gewohnte, das, in dem man wohnt, das Gewöhnliche, auch langweilen, und ich schaute nach einer langen, ermüdenden Reise gelangweilt in die Landschaft, im Wagen waren nur noch drei andere Personen, spanische Arbeiter wohl, die sich angeregt unterhielten. Ich hörte ihnen zu, auch wenn ich kein Wort verstand – ich mag Fremdsprachen, ich höre gern Fremdsprachen, ich stelle mir vor, wovon gesprochen wird, und mache mir die »entsprechenden« deutschen Dialoge im Kopf. Vielleicht kann ich deshalb fast keine Fremdsprachen. Es kann auch etwas verlorengehen, wenn man versteht, es kann eine Welt im Kopf verlorengehen. So freute ich mich zwar in Amerika über meine zunehmenden Englischkenntnisse – es ist, wie wenn man Licht am Ende des Tunnels erblickt –, aber meine Amerikabegeisterung nahm mit zunehmenden Sprachkenntnissen ab – Amerika wurde Wirklichkeit und fand nicht mehr in meinem Kopf statt.

Ich hörte also mit meinem deutschsprachigen Kopf den Spaniern zu, bildete mir ein, sie zu verstehen, und erfand mir ihr Gespräch. Ich schaute zum Fenster des Zuges hinaus und war in Spanien. Ich stellte fest, daß ich mir Spanien anders vorgestellt habe und daß das Spanien, das ich kenne, anders aussieht, um so mehr begann mich die Landschaft zu interessieren, vielleicht die Mancha, die hätte ich gern einmal gesehen. Die langweilige Reise durch Norddeutschland wurde zum Vergnügen, ich freute mich, in Spanien zu sein, in einem Spanien, das ich noch nie gesehen hatte – und wohl auch außer mir niemand.

Wenn ich mich langweile bei irgendwelchen Versammlungen, einer großen Versammlung von Schriftstellern zum Beispiel, dann mache ich ab und zu das »Metzgerspiel«. Ich stelle mir vor, daß hier nicht über die Berufsbedingungen von Schriftstellern diskutiert wird, sondern über die von Metzgern, und daß die Anwesenden nicht Schriftsteller wären, sondern Metzger. Die Diskussion beginnt mich augenblicklich zu interessieren. Ich verstehe die Fachausdrücke nicht mehr – Verleger, Lektor, Honorar, Lizenzen. »Honorar« ist wohl, stelle ich fest, der Preis für Kälber, Lebendgewicht; ein Lektor vielleicht ein Viehhändler. Viel spannender aber sind die Anwesenden. Die Leute, die eben noch Schriftsteller waren, sind jetzt Metzger. Und sie sehen plötzlich auch so aus – diese Nase, dieses Kinn, diese Hände. Die meisten kräftig und gemütlich, kaum einer brutal – Metzger sind nicht brutal. Und der Kleine mit der randlosen Brille und dem korrekten Scheitel ist wohl der Sohn einer Großschlächterei, er hat Volkswirtschaft studiert und schickt sich an, den Betrieb seines Vaters zu übernehmen. Die hübsche, zierliche Frau hat wohl nach dem Tode ihres Mannes die Metzgerei weitergeführt, später sogar vergrößert, inzwischen sogar zwei Filialen in der Gegend eröffnet, eine tüchtige Frau. Nein, niemand hier sieht so aus, als würde er nicht in die Versammlung der Metzger gehören. Ich habe mir zwar vielleicht Metzger anders vorgestellt, aber eben, Metzger sind nicht so, wie man sie sich vorstellt. Oder wollen wir es versuchen mit einer Versammlung von Seiltänzern, einer Versammlung von Gorillaforschern, von Kunststopfern? Keiner und keine, der oder die nicht in die Versammlung passen würde. Und es wäre doch schön, einmal eine Versammlung von Seiltänzern beobachten zu können: Der Dicke vorne rechts übrigens ist ein ehemaliger Seiltänzer, inzwischen betreibt er eine Artistenagentur.

Ich schreibe dies im Zug zwischen Solothurn und Genf, ein fast sonniger Tag, ein fast nebliger Tag, »diffus« nennt man wohl dieses Licht. Vor dem Fenster jetzt nur noch Bäume, einige Birken dazwischen, ich sitze in der Transsibirischen Eisenbahn, kurz nach Moskau, ja genauso habe ich mir das vorgestellt.

Oder ganz einfach: Erinnern Sie sich. Sie lagen als Kind im Bett, schlossen die Augen und versuchten sich vorzustellen, daß das Bett umgekehrt steht, das Fußende nicht mehr zur Tür, sondern zum Fenster. Und langsam drehte sich das Bett, und Sie lagen in der falschen Richtung. Dann die Augen öffnen, und flugs steht das Bett wieder richtig.

Ausprobieren, wie es wäre, wenn es nicht so wäre,

wie es ist. Der Kellner im Speisewagen übrigens ist sehr freundlich. Die Russen sind sehr freundliche Menschen.

Schreiben Sie doch mal

»Schreiben Sie doch einmal etwas über das Eisenbahnfahren«, sagt der freundliche Kondukteur zu mir. Was verspricht er sich davon? Vielleicht, daß endlich einmal die Eisenbahn zum Thema wird oder gar daß endlich alle Eisenbahn fahren? Soll ich ihm sagen, daß ich immer und immer wieder über die Eisenbahn geschrieben habe, mehrere Geschichten, ein Drehbuch und einen langen Text fürs Fernsehen? Doch ja, den Film hat er gesehen. »Aber Sie könnten doch auch mal etwas schreiben über die Eisenbahn.«

Ein anderer beklagt sich über das Beizensterben. Es gibt sie nicht mehr, die kleinen, dunklen, lauten und gemütlichen Kneipen. Ich bin mit ihm durchaus einverstanden. Ich bedaure das auch – also: »Warum schreibst du nicht über ...«

Dabei gibt es Leser genug, die feststellen, daß ich kaum über anderes geschrieben habe als über Beizen. Ich sage ihm das, und er sagt: »Ja, ja – aber warum schreibst du nicht einmal darüber?«

Es gibt diese eigenartige Vorstellung, daß man nur darüber schreiben müßte, ein Buch zum Beispiel, und von einem Tag auf den anderen würden die

Leute auf ihr Auto verzichten, und die Beizen würden nicht mehr sterben.

Der Glaube an das geschriebene Wort hält sich hartnäckig. Lesen tut fast niemand, und es wird vom Ende des Buchzeitalters gesprochen, und der Analphabetismus nimmt zu, und trotzdem: »Darüber sollte man einmal schreiben.«

Oder soll ich den Kondukteur auf das wunderschöne Eisenbahngedicht von Walt Whitman aufmerksam machen, ein euphorisches Gedicht, das feiert, daß die Welt nun mit eisernen Strängen zusammengefügt werde zu einer friedlichen Welt. Oder soll ich ihm sagen, daß eigentlich schon Homer alles und über alles geschrieben hat – und wenn schon nicht ausdrücklich über Eisenbahnen, dann sicher über das Reisen.

»Warum machen die Schriftsteller nichts mehr?« werde ich gefragt. Ich weiß, was das meint: Warum machen sie nichts gegen den Kosovokrieg, gegen die Ausrottung der Delphine, für die Mutterschaftsversicherung, für den Umweltschutz und gegen den bedrohlichen Vormarsch der Rechten. Und ich weiß auch, wen sie meinen: »Max Frisch, der hat doch noch.« Und schon ein paar Wochen nach dem Tod von Dürrenmatt und Frisch stellten die ersten Journalisten fest: »Warum machen die Schriftsteller nicht mehr so wie Frisch.«

Und wenn sie noch machen würden, dann gäbe es wohl wieder große Disputationen, und das Volk würde wieder aufgerüttelt, und es gäbe wieder große eindrückliche Friedensdemonstrationen.
Was hat er denn eigentlich gemacht, der Max Frisch? Er hat sich in Diskussionen eingemischt, die bereits stattfanden. Er hat an Demonstrationen gesprochen, die bereits organisiert waren. Politik war ein Thema. Es gab eine politisch interessierte Jugend. Seit den 68ern wußte der Bürger, daß alles seine Gründe hat und nicht einfach zufällig so geworden ist. Eine politische Welt wurde wieder spannend, weil die Jugend überzeugt war, daß diese Welt nicht zufällig ist – nicht ein zufälliger Bösewicht, nicht ein zufälliger Fehler. Das waren nicht Schriftsteller und Philosophen – auch nicht Marcuse –, die das ausgelöst hatten. Sie hatten nur da und dort Partei ergriffen für die Engagierten. Auch der Vietnamkrieg hatte für alle irgendeine Selbstverständlichkeit. Trotzdem, er erhitzte die Gemüter. Wir haben demonstriert, diskutiert und diskutiert und auch geschrieben. Und in der Spannung, in der erhitzten und hartnäckigen Auseinandersetzung lag die große Hoffnung, daß die Welt anders aussehen könnte als diese. Der Glaube daran war wohl klein, aber die Hoffnung war groß. Der Jugoslawienkrieg findet in einer anderen Situation statt, in einer depressiven – in einer

Welt, die von Sensation zu Sensation rennt, mit einer Presse, die täglich die Supermeldung sucht –, und der Krieg bleibt seit Wochen derselbe. Wir sind zwar besorgt, entsetzt, verunsichert, wir fürchten für diese Welt und vor allem für uns. Wir wissen, daß dieser Krieg Folgen haben wird, wir wissen, daß er Gründe hat, und diese Gründe liegen wohl nicht nur auf dem Balkan.

Wir wissen, wir fürchten, wir sind entsetzt, aber – Hand aufs Herz – der Krieg, der alltäglich gleiche Krieg, beginnt uns zu langweilen. Er wird für das Fernsehen zum Problem, weil er keine höheren Einschaltquoten mehr bringt, für die Presse, weil er die Schlagzeile nicht liefert.

Vielleicht könnte ja da vielleicht ein Schriftsteller – Max Frisch zum Beispiel.

Nur wüßte er wohl zu dieser Situation nicht viel anderes zu sagen als zu der Situation vor zwanzig Jahren. Die große Schlagzeile würde er wohl nicht mehr liefern. Die Medien haben das Infotaining erfunden, unterhaltsame Information. Jetzt können sie nicht mehr informieren, weil dieser Krieg nicht unterhält. Man hat dem Publikum erfolgreich beigebracht, daß er unterhalten zu sein hat. Der Krieg ist langweilig. Das ist zynisch. Aber es ist nicht mein Zynismus, es ist unser Zynismus.

Was studierst du?

Unserem Deutschlehrer damals glaubten wir nichts. Er hatte, so glaubten wir, keine Ahnung von der Welt, und wir ärgerten ihn. Wenn wir Radau machten, nannte er uns verfluchte Kauboys (Cowboys), und wir lachten ihn aus, weil wir glaubten, daß das nicht »Kauboys« heißt, sondern »Goboy«. Wir konnten Englisch und kannten unseren Karl May, er aber war alt und hatte keine Ahnung von der modernen Welt.

Er ärgerte sich maßlos, wenn wir in unseren Aufsätzen den schweizerdeutschen Ausdruck »Studieren« anstelle von »Nachdenken« verwendeten. Er tobte: »Studieren tut man auf der Universität.«

Inzwischen weiß ich, daß er wohl Englisch konnte, inzwischen weiß ich, daß er recht hatte.

Trotzdem, das schweizerdeutsche »Studieren« ist etwas anderes als »Nachdenken«, vielleicht käme ihm der Ausdruck »Hirnen« etwas näher, aber ich fürchte, »Hirnen« ist auch eher Schweizerdeutsch, wenn auch vielleicht für die Deutschen begreifbarer. Aber auch »Hirnen« ist zu stark, zu gezielt. »Schtudiere« ist schwächer, ist fast nichts, ist Nachdenken über fast nichts, oder eigentlich Nachdenken an und für sich.

So kann dann die Frage: »Was schtudiersch?« (»Was studierst du?«) auch meinen: »Was hast du?«, »Geht es dir nicht gut?«. Vielleicht ist Schtudieren so etwas wie Denken ohne Worte.

In der Beiz sitzen zwei Gelangweilte. Der eine schaut ins Leere, und der andere fragt: »Was studierst du?« »Das gleiche wie du«, sagt der andere, dann wieder Stille. »Das gleiche wie du« – im Nichts werden wir uns gleich.

»Was denkst du?« »Nichts, gar nichts«, sage ich. Aber eigentlich habe ich nicht »nichts« gedacht, sondern eher »irgend etwas«. »Ich habe etwas studiert«, heißt das im Schweizerdeutschen. Man beginnt zu »studieren«, wenn man sich langweilt, wenn man Langeweile hat, wenn einem die Zeit lang wird. Die Gedanken beim Einschlafen, die quälenden Gedanken beim Nicht-einschlafen-Können, sobald sie zum »Irgendetwas« werden, schläft man ein. Schtudieren heißt vielleicht loslassen.

»Was denkst du?« »Es ist mir nur gerade in den Sinn gekommen, daß ...« »Es ist mir irgend etwas in den Sinn gekommen.«

»Schtudieren« heißt vielleicht auch Einsamkeit und Sehnsucht, Sehnsucht nach sich selbst vielleicht.

Weihnachten, irgendwie, wäre eine Gelegenheit dazu. Inzwischen ist sie vorbei, und sie ist es gewesen.
Jetzt bleibt uns noch das Neujahr. Wir werden zum mindesten dabeigewesen sein, als die Zahl, die das zweite Jahrtausend beenden wird, auf dem Kalender erschienen ist.
Fritz sagt: »Das ist doch Blödsinn, wir werden das so machen wie immer, wir werden etwas Gutes kochen und …« Aber für Fritz gibt es gar kein Wir, und kochen kann er auch nicht. Und er wird sich, wie durch das ganze Jahr und durch das ganze Leben hindurch, gottsträflich besaufen, und diesmal immerhin mit einem entschuldbaren Grund, schließlich erlebt man nicht alle Tage, daß das Jahr 2000 beginnt. Er wird Prost sagen und annehmen, daß er eben zu diesem besonderen Anlaß ein Gläschen oder zwei trinkt. Und dann könnte ja auch die Heizung ausfallen, das Licht ausgehen, die Eisenbahnen von den Brücken fallen, die Fernsehgeräte explodieren, die Flugzeuge ihr Ziel nicht mehr finden, alles Vorbereitete – und nicht uns ein ganzes Jahr wie weggeschmolzen erscheinen läßt, ohne diese schale Gelangweiltheit, an die uns die Festtage Jahr für Jahr erinnern. Jedenfalls, so oder so, diese ungeliebten Festtage haben wir uns als Erinnerung an unsere Gelangweiltheit selbst verdient.

Max Frisch hat in einem Fragebogen die Frage gestellt: »Wen, der tot ist, möchten Sie wiedersehen?« Ich möchte dem anfügen: »Hätten Sie den Mut, jenen wiederzusehen, der selbst so gern noch gelebt hätte – und Sie hätten ihm nichts zu erzählen?«

Die Liebe zur Wiederholung

Japaner sind blond. Das weiß ich seit der Fußballweltmeisterschaft. Daß man Haare färben kann, das weiß ich schon länger. Warum also sollten sich nicht auch Japaner die Haare färben? Trotzdem, es hat mich überrascht. Da sahen Japaner plötzlich nicht mehr wie Japaner aus. Ich hatte es mir vor dem Fernseher gemütlich gemacht und wußte auch, was ich zu erwarten hatte: zweimal 45 Minuten Fußball, für Nichtkenner immer dasselbe, haargenau dasselbe. Wie die Belgier aussehen werden, das habe ich mir nicht zum vornherein vorgestellt – die sehen eben aus, wie »man« aussieht. Von Japanern aber wußte ich, wie sie aussehen werden, und auch, daß ich Mühe haben würde, sie zu unterscheiden. Nun aber waren sie alle blond. Sie waren nun plötzlich auf eine andere Art gleich.

Sie waren nun so gleich wie Figuren des traditionellen Theaters, gleich wie die Sumo-Ringer, gleich wie die Geishas, gleich wie die Arlecchinos, wie die Bischöfe im Ornat, wie die Engel, wie die Sankt Nikolause, gleich wie Leute in einer Rolle.

Sie waren für mich nun plötzlich Figuren eines Rituals, und sie erinnerten mich. Sie erinnerten mich an jenes Ritual, dem ich mich so gerne entziehen möchte und dem ich mich nicht entziehen kann: Fußball.

Wie selbstverständlich war es mir doch vor drei Wochen noch, daß ich bestimmt nicht viele Spiele sehen würde – vielleicht einen Halbfinal, vielleicht den Final, vielleicht gar nichts, und jetzt habe ich schon fast alle Spiele gesehen –, das immer gleiche Spiel mit kleinen Varianten. Selbst 64 Hamlet-Aufführungen unterscheiden sich mehr voneinander. Also ist Fußball langweilig?

Ich bin, als ich in Wales war, zum Rugby gegangen. Das erste Spiel langweilte mich, ich kannte die Regeln nicht. Das zweite Spiel war genau gleich, ich kannte die Teams nicht. Und als das dritte Spiel auch genau gleich war, kannte ich bereits die Regeln, war ich bereits ein Swansea-Fan, bewunderte ich bereits die technischen Finessen einzelner Spieler und begann zu staunen wie der Protestant in einer katholischen Messe – und ein Spiel später schon wie der Katholik in der Messe. Das Ritual hatte mich eingeholt.

Daran erinnerten mich die graublonden Japaner, die sich – so schien mir – für ein Ritual geschminkt hatten, für das ehemals europäische Ritual Fußball.

Waren da Japaner dabei, etwas nachzuahmen, hervorragend nachzuahmen? Ist es etwa gar nicht ihre Sache, sondern die Sache anderer – so wie der Hamlet ja eigentlich kein Hamlet ist, sondern ein Hamlet-Darsteller, oder so wie ein Priester kein Heiliger zu sein, sondern nur das Heilige zu repräsentieren hat.

Oder so, wie japanische Musiker den deutschen Beethoven hervorragend interpretieren. Ist das »original«, oder ist das exzellente Nachahmung? Ja, es ist Nachahmung – genauso, wie auch die Beethoven-Interpretation eines deutschen Orchesters eine Art von Nachahmung ist: das Noch-einmal und Noch-einmal. Noch einmal die Fünfte von Beethoven.

Ich liebe die Wiederholung. Sie müßte mich zwar langweilen, aber sie langweilt mich nicht. Sie langweilt mich dann nicht, wenn ich sie als Ritual erlebe.

Rituale sind religiös, letztlich nicht ganz erklärbar und für Außenstehende absurd. So absurd wie eine abstruse Sekte, dessen Sektenführer ein absurd hohes Einkommen hat wie der Spitzenmusiker, der Spitzensänger, der Spitzenfußballer.

Das Geld haben alle von jenen, denen das Ritual etwas wert ist – von jenen, für die dieses Ritual alles ist, das ganze Leben ist. Mag sein, daß sich das Einkommen eines Spitzenfußballers mit dem Markt erklären läßt, aber dann läßt sich das Einkommen des Sektenführers auch mit seinem Markt erklären. Daß mitunter gescheite Leute auf ihn hereinfallen, ist uns immer wieder ein Rätsel. Dabei kennen wir ja unsere Neigung zum Ritual, zum Fußball.

Jenes Ritual, wo nicht nur der Schiedsrichter, sondern auch Gott, mitunter eigenwillig, entscheidet – durch Umstände und Zufall, durch Glück und Unglück kann der Bessere verlieren, der Schlechtere gewinnen. Und Pech und Unglück ist letztlich ein Gottesurteil.

Nein, ich übertreibe nicht: Fußball ist so wenig die schönste Nebensache der Welt wie für den gläubigen Katholiken die Messe. Fußball ist eine ernste Sache, die graublond geschminkten Japaner erinnerten mich daran, sie erschienen mir wie zum Opfer vorbereitet. Bei Belgiern fällt mir das nur nicht so schnell auf, und bei Schweizern schon gar nicht.

Und dann gibt es noch die Hooligans. Sie sind wohl dann die militanten Fundamentalisten, die in den heiligen Krieg ziehen. Auch wenn sie uns so wenig gefallen wie andere Fundamentalisten, sie sind halt doch keine Randerscheinung, sondern ein Teil des Rituals. Alle Kriege sind Religionskriege, wenn man die Sache – die Nation zum Beispiel – zur Religion erklärt.

Das tue ich und wohl wir alle im Falle Fußball nicht. Aber wir gehören halt dazu – so wie wir Christen sind, oder eher noch etwas mehr.

Zeit, die Zeit zu lesen

Wenn ich unterwegs bin, wo auch immer, muß ich das Resultat des Spiels des FC Solothurn wissen, und zwar möglichst gleich, gleich nach Ende des Spiels – und das auch jetzt, wo es um nichts mehr geht, weder um den Aufstieg noch um den Abstieg.

Und wenn ich es dann weiß, dann ist mir, als hätte ich es schon immer gewußt – eine eigenartige Form von Vergeßlichkeit: Sobald ich es weiß, vergesse ich, daß ich es dringend habe wissen wollen. Und sobald ich es weiß, verhalte ich mich so, wie wenn ich es schon immer gewußt hätte und es mich nicht interessieren würde.

Es gibt in der Stadt einen Grasshoppers-Fan, der GC-Walti, der hat ein schweres Leben, weil er an den Stammtischen der einzige ist, der GC liebt. Er wird verspottet und belächelt. Aber er wehrt sich tapfer.

»Wir haben gewonnen«, sagt er, oder: »Wir werden gewinnen.« »Wir werden Schweizermeister, wir fegen die weg.«

Aber ein Fußballfan ist er eigentlich nicht – oder vielleicht nicht mehr. Er schaut sich die Spiele nie

an, weder im Original noch im Fernsehen, ihn interessieren nur die Rangliste und die Resultate: 1:1, 2:1, 1:2, Resultate, die er schon Hunderte Male gehört hat – immer dieselben.
Er streitet nicht mit den Leuten am Stammtisch über Fußball. Seit Jahren versucht man ihn dazu zu provozieren – aber er nimmt das Resultat der Niederlage mit demselben gelassenen Lächeln entgegen wie das Resultat des Sieges – und dann sagt er leise: »Wir werden Schweizermeister.«
Ich habe noch nie Lotto gespielt, aber die Lottozahlen interessieren mich trotzdem. Ich sehe sie, ich lese sie, ich höre sie – die Nummern eines magischen Spiels, an dem ich überzeugt nicht teilnehme und das mich trotzdem erreicht. Und die Zahlen überzeugen mich, eigentlich können es gar keine anderen sein – die hätte man nun wirklich schon vorher wissen können. (So funktioniert das Spiel ja auch, daß man die Zahlen zum vornherein wissen könnte.)
Ja, das ist sehr einfach, wenn man es weiß. Das sage ich auch, wenn ich jemanden nach seiner Telefonnummer frage. Auch wenn ich sie noch nie gehört haben kann, sie kommt mir bekannt vor, und ich habe oft den Eindruck, daß ich sie gar nicht aufzuschreiben brauche, daß ich sie mir merken kann, weil ich sie eigentlich bereits kenne.

Der FC Solothurn hat verloren, zwei haben die richtigen sechs Zahlen getippt, die Amerikaner haben gewonnen – aus, Ende, vorbei und vergessen.
Der Krieg ist nicht mehr schauerlich, er verstößt nicht mehr gegen das Völkerrecht, er ist nicht mehr der brutale Wahnsinn – er ist gewonnen, das ist das Resultat.
Und weil es die Sowjetunion nicht mehr gibt, hat es sie eigentlich gar nicht gegeben. Die DDR wird wohl schon bald nur noch ein paar Zeilen in deutschen Schulbüchern beanspruchen – wir haben schon immer gewußt, daß es sie einmal nicht mehr geben wird.
Wir haben jetzt – hinterher – alles schon gewußt, und die Lottozahlen sind so wenig überraschend wie andere Resultate und machen einen absolut selbstverständlichen Eindruck.
In der Beiz flickt ein Handwerker eine Kleinigkeit an der Heizung. Er hat seinen kleinen Buben mitgebracht, vielleicht weil die Mutter dringend wegmußte. Der steht neben ihm und wartet. Er schaut sich in der Beiz um. Nein, er schaut sich nicht um, sondern er schaut die einzelnen Gegenstände an. Erst ein Bild, lange immer dasselbe Bild, dann ein anderes Bild, dann einen Tisch – nicht die Tische –, dann einen Stuhl – nicht die Stühle. Und er schaut den Stuhl so an, wie wenn er noch nie einen Stuhl

gesehen hätte. Er schaut diesen einen Stuhl ganz genau an. Und er hat diesen Stuhl vorher noch nicht gewußt, wie wir Erwachsenen, die alles vorher schon gewußt haben und hinterher ein schales Gefühl haben: 2:1, war das nun alles; der Irakkrieg, das war es nun also; und Federer hat die zweite Runde überstanden, und Rosset ist ausgeschieden – Resultate, Resultate.

Der kleine Junge aber ist hier nicht dabei, sich zu informieren. Er schaut nur. Er schaut nur das Jetzt an. Ja, aus Langeweile wohl, aber er kann die Langeweile: Er verweilt lange bei den einzelnen Gegenständen. Und er steht gern neben seinem Vater, und er hat Zeit, neben seinem Vater zu stehen.

Im selben Lokal habe ich vor einigen Wochen den Wirt gefragt, ob er sich eine neue Uhr angeschafft habe. »Nein«, sagte er, »die hängt schon seit vielen Jahren hier.«

In den vielen Jahren muß ich Hunderte Male die Zeit von ihr gelesen haben, oft mehrmals an einem Abend.

Ich habe nach ihr geschaut, aber ich habe sie nie angeschaut, weil ich wohl zum vornherein wußte, daß dies eine Uhr ist. Und wenn ich die Zeit von ihr las, kam es mir immer so vor, wie wenn ich die Zeit schon vorher gewußt hätte.

Der kleine Bub wird wohl nächstens lernen, die Zeit

zu lesen. Ich stelle mir das schön vor, am Anfang – wenn man es noch nicht gut kann und sich einige Minuten damit beschäftigen muß und Zeit hat, die Zeit zu lesen.

Doch, ich gehe wählen

Es gibt diese stereotypen Interviewfragen mit ebenso stereotypen Antworten.
Frage: »Lieblingsfarbe?«
Antwort: »Blau!«
Frage: »Hobby?«
Antwort: »Wandern!«
Und dann gibt es die Frage: »Wen wählen Sie?« Und die Antwort heißt stereotyp: »Ich wähle nicht nach Parteien, ich schaue die einzelnen Personen an.«
Die Antwort erschreckt mich immer wieder. Das möchte ich eigentlich auch, nur bin ich im Unterschied zu allen anderen Leuten ein schlechter Menschenkenner, ich kann mich im Unterschied zu allen anderen nicht auf Fotos verlassen. Und das Hobby »Familie, Wandern, Skifahren« weist auf nichts Besonderes hin – dann schon eher der Hinweis »Oberst im Generalstab«, das weist schon eher auf Charakter hin, auf einen eben besonderen Charakter.
Die Bisherigen haben die besten Chancen, gewählt zu werden, weil sie eine Eigenschaft haben, mit der sie sich für dieses Amt qualifizieren, sie sind Nationalräte. Aber wäre es so, daß der Wähler nur auf die Person schaut, dann … ach, lassen wir das.

Die Wahlen sind wohl das wichtigste Ereignis in einer Demokratie. Und sie gefällt mir, die Demokratie – aber ausgerechnet dort, wo sie beginnt – alle vier Jahre bei den Wahlen –, verleidet sie mir: Ich habe genug von diesem Jahrmarkt mit »Ich bin nicht ganz dafür und auch nicht ausgesprochen ganz dagegen«, diesem fürchterlichen Blödsinn vom »Menschen im Mittelpunkt«. Wen denn sonst? Den Walfisch im Mittelpunkt? Den Zwetschgenbaum? Den Blocher und den Leutenegger? Den Kanarienvogel? Das Hacksteak?

Die Wahlen sind die Durststrecke der Demokratie. Da gibt es nur eines: Augen zu und durch. Ja, ich wähle. Ja, ich bin Demokrat. Ich wähle eine Partei, jene Partei, die meiner Meinung am nächsten kommt – und ob ihre Mitglieder wandern oder langohrige Belgier züchten, ist mir Wurst.

Und ich möchte eigentlich gern die Interviewfrage stellen: »Warum denn wollen Sie – willst du – Nationalrat werden?«, aber die Antworten darauf interessieren mich nicht. Die Frage schon, die Antworten nicht.

Frage: »Warum wollen Sie Fähnrich des Hornusserclubs werden?«

Antwort: »Weil für mich der Mensch im Mittelpunkt steht!«

Nein, das hat nichts mit politischer Resignation zu

tun. Das ist einfach so, und das kann man nicht ändern. Das hat nichts damit zu tun, daß unsere Wahlen »veramerikanisiert« werden, hat nichts mit brutaler Werbetechnik zu tun. Das war schon immer so. Schon Gottfried Keller beschrieb das im »Martin Salander«, und einige Köpfe, die mich aus dem Tagesanzeiger anstrahlen, erinnern mich an die Gesellen aus Kellers »Salander«.

Wer die Demokratie will, der muß die Wahlen ertragen. Sie sind häßlich, sie sind apolitisch, sie stellen alle vier Jahre einen großen politischen Schaden an, der dann in vier Jahren nur knapp verheilt – und in den Wahlen werden alle vier Jahre die alten Wunden der Demokratie aufgerissen.

Das läßt sich nicht ändern. Das ist einfach so. Und das war schon immer so. Und die Wahl irgendeines Demokraten ist immer noch ein angenehmeres Ereignis als die Geburt eines Erbprinzen.

Und wenn sie dann alle schön gewählt sind, dann werden sie sich im Parlament setzen. Sitzungen hat mit nichts anderem zu tun als mit »sich hinsetzen«.

»Man kann nur denken und schreiben, wenn man sitzt«, sagte Gustave Flaubert, der großartige Autor der »Madame Bovary« vor hundertfünfzig Jahren.

Und sie werden sich setzen, und sie werden denken. Im Augenblick aber rennen sie herum wie aufge-

scheuchte Gockel und Hühner. Es sind Wahlen, niemand sitzt mehr.
Und wenn sie sich dann wieder gesetzt haben, werden sie unter anderem auch einen Nachfolger, eine Nachfolgerin, für einen zurückgetretenen Bundesrat wählen. Und wie immer erwarten wir die Sensation. Und in Wirklichkeit werden wir es alle schon zum voraus irgendwie gewußt haben. Und wer auch immer gewählt wird, es wird mit ihr und mit ihm dann schon irgendwie gehen.
Das ist Demokratie. Ja, sie ist langweilig, unsere Demokratie. Aber genau diese Langeweile ist seit hundertfünfzig Jahren ihre Stärke. Wir haben mit ihr gute Erfahrungen gemacht.
Und gewarnt sei vor jenen, die sie spannend machen wollen. Eine spannende Demokratie ist keine mehr. Die Netten, das sei zugegeben, sind langweilig. Sie sollen es auch sein – und die Unnetten sind keine demokratische Alternative.
Und wer Spannung will, hat sie anderswo zu suchen. Im Leben zum Beispiel. Und über dieses Leben wollte ich jetzt für einmal und ausnahmsweise nicht schreiben.
Mir fällt dazu nur ein, daß ich nicht mehr rauche. Und diese banale Lächerlichkeit ist jetzt mein Problem. Was ist wichtig? Was ist unwichtig? Und wer entscheidet darüber? Leben besteht nicht aus Wich-

tigkeiten und Unwichtigkeiten. Das Rauchen zum Beispiel, das ist Leben – und das Nichtrauchen leider auch. Entschuldigung.

Meine mißlungenen Sammlungen

Einmal, ein einziges Mal in meinem Leben und vor Jahren, bin ich ohne Gepäck weit gereist – nach Berlin zu einem Geburtstagsfest, bin eingestiegen in den Zug, habe mich hingesetzt, eingestiegen ins Flugzeug, ausgestiegen, mit zwei freien Händen, keine Handtasche, nichts; ein Spaziergänger, einer, der schnell um die Ecke geht, um Zigaretten zu kaufen. Fast hätte ich in Zürich im Flughafen einen kleinen Fehler gemacht, ich kaufte mir eine Zeitung, klemmte sie unter den Arm, und da war es schon wieder, der Anfang des Gepäcks, des Ballasts; ich warf sie ungelesen in den nächsten Papierkorb – ein freier Mensch. Nicht mal mein Eigengewicht fiel mir auf, die Leichtigkeit des Seins, die Illusion der absoluten Freiheit. Das Zimmer im Hotel mußte ich im voraus bezahlen, ein Fremder ohne Gepäck, meine Leichtigkeit machte mich verdächtig.

Anderntags, vor der Heimreise, kaufe ich mir dann etwas, ein hölzernes Nashorn. Sie hätten im Laden auch ein größeres und schöneres gehabt, aber ich entschied mich für das kleine, es fand Platz in der Jackentasche. Ich sammelte damals Nashörner. Leidenschaftlich sozusagen, ich klopfte in fremden

Städten sämtliche Schaufenster nach Nashörnern ab, in meinem Zimmer standen sie in allen Ecken, erst mal Dutzende, dann wohl Hunderte. Keineswegs eine Zierde, sondern eben eine Sammlung, eine kindische Sammlung – viel vom Gleichen –, eine Leidenschaft, und vielleicht ging es nur darum, sich eine Leidenschaft anzugewöhnen – auch eine Leidenschaft zu haben wie all die anderen. Mit Stolz betrachtete ich die Größe meiner Sammlung und verschränkte die Arme vor meiner Brust. Aber auch diese Sammlung ist mir wie alle Sammlungen meines Lebens mißlungen, nicht eigentlich verleidet, sondern einfach mißlungen. Meine Briefmarkensammlung, mein Herbarium, die Sammlung gepreßter Blumen, meine Zitatensammlung, meine Uhrensammlung und selbst, wie ich kürzlich feststellte, die Sammlung all der Bücher, die ich geschrieben habe. Auch sie ist zu meiner Überraschung nicht mehr vollständig. Die Last des Lebens – Ballast abwerfen.

Nashörner habe ich noch einige. Sie erinnern mich. Ich mag auch richtige Nashörner. Oft besuche ich im Zoo nur sie. Ich mag ihre Gelangweiltheit, ihre kräftige Langeweile.

Bei meiner Befreiung vom Ballast meiner Nashornsammlung waren mir übrigens zwei kleine Mädchen aus der Nachbarschaft behilflich.

Ich schenkte ihnen mal zwei Nashörner, Dubletten, wie die Sammler sie nennen. Einige Tage später standen sie wieder vor meiner Tür und sagten, daß sie noch zwei Nashörner mehr bräuchten, und ich gab sie ihnen. Dann kamen sie und sagten, sie hätten Besuch von zwei anderen Mädchen und möchten mit ihnen mit den Nashörnern spielen, und die zwei Mädchen bräuchten deshalb eben auch zwei Nashörner. Ich fand das lustig und gab sie ihnen – die Sammlung war nun nicht mehr vollständig, sie löste sich von jetzt an selbständig auf, und ich war endlich wieder ohne Gepäck.

Wissen Sie, was ein Paternosterlift ist? Ein offener Aufzug, der dauernd in Bewegung ist, Kabine an Kabine an einem Band. Auf der einen Seite geht's hoch, auf der anderen runter und oben herum und unten herum. In Heinrich Bölls Geschichte »Doktor Murkes gesammeltes Schweigen« gibt es einen solchen Lift. Als ich sie zum ersten Mal las, hatte ich noch nie einen solchen Lift gesehen. Doktor Murke war ein Tonmeister im Rundfunk, ein schrulliger, einsamer Mensch. Und wenn er aus den Tonbändern Pausen rauszuschneiden hatte, legte er die Stücke, auf denen nichts zu hören war, beiseite und fügte sie zu einem langen Band zusammen. Eine wundersame Sammlung von nichts.

Jeden Morgen nun, wenn Murke zum Rundfunk

kam, stieg er in den Lift und fuhr einmal oben rum und genoß den Nervenkitzel des Wechsels vom Rauf zum Runter.

Im Rundfunkgebäude in Köln gibt oder gab es wirklich einen solchen Paternosteraufzug. Ich war begeistert, als ich ihn zum ersten Mal sah, und rannte los, zum Ärger des Redakteurs, der mich abholte und zur Eile mahnte, fuhr zwei Stockwerke hoch, rannte raus und wieder rein und drei Stockwerke runter, am gestikulierenden Redakteur vorbei und wieder rauf und raus und rein und dann endlich – tief einatmen – oben rum wie Murke. Das Ritual des Schweigens, ein kleines Stück Freiheit.

Nachweise

Bis auf den letzten Text (»Meine mißlungenen Sammlungen«), der in dem Band *Über das Wetter reden. Kolumnen 2012-2015*, Suhrkamp 2016, enthalten ist, wurden alle Beiträge dem Sammelband *Kolumnen, Kolumnen*, Suhrkamp 2005, entnommen.

Inhalt

NF 711/1/11.19

Nietzsche für Boshafte
Ausgewählt von Norbert Wank
it 3274. 104 Seiten

Oscar Wilde für Boshafte
Ausgewählt von Denis Scheck und Christina Schenk
it 3309. 120 Seiten

Nestroy für Boshafte
Ausgewählt von Peter Cardorff
it 3310. 120 Seiten

Wilhelm Busch für Boshafte
Ausgewählt von Thomas Kluge
it 3311. 120 Seiten

NF 711/2/11.19